Im Land des silbrig-gleißend verklärten Lichts

Im Land des silbrig-gleißend verklärten Lichts

Bildungsgeschichte eines Bremer Bankkaufmanns

Friedhold Stolte

Friedhold Stolte, »Im Land des silbrig-gleißend verklärten Lichts«
© 2016 der vorliegenden Ausgabe: Colibri Autorenedition
im Verlagshaus Monsenstein und Vannerdat Münster.
www.colibri-autorenedition.de
© 2016 Friedhold Stolte
Alle Rechte vorbehalten
Satz: Monsenstein und Vannerdat, Kathrin Schwär
Umschlagabbildung: Friedhold Stolte
Abbildungen im Buch: Friedhold Stolte
Druck und Einband: Monsenstein und Vannerdat

ISBN 978-3-95842-017-5

Inhalt

1. Teil 7

Die Anreise 9
Der Freund 13
Das »Augerinos« 17
Die Grotte 19
Das Versäumnis 23
Die Börse 27
Zweisamkeit in Gríkou 31
Der Regen 35
Bouzouki-Nacht 51
Platy Gialos 67
Der Garten von Sikamiâ 75
Die Mönchsrede 85
Der Besuch 97
Zwischenzeit in der Rückblende 103
Sühne 115
Simson 121

2. Teil 137

Der Einschnitt oder die Ankündigung von Lámbi 139
Der Christusläufer 143
Die Herrenfrage 157
Das Sühnblut 171

Die Innerlichkeit 179
Strandzauber von Kalamata 183
Das Haus in Engarés 187
Anmerkungen 201
Bilder 205

1. Teil

Die Anreise

»Der Rhabarbersaft ist gut hier.«
Der Mann an der Bar im Schönefelder Flughafen drehte sich zu der lieblichen Stimme um. Dicht vor ihm stand nun eine schlicht gekleidete, aber jugendlich wirkende Frau und sah ihn forschend an. Erstaunt erwiderte der unvermittelt Angesprochene:
»Ich glaube nicht, dass es Rhabarbersaft gibt an einer Flughafenbar.«
Doch schon waren zwei Gläser von zärtlicher Stimme bestellt und eines davon ihm von weiblich-zierlicher Hand gereicht.
»Wohin fliegst du?«, fragte sie.
»Nach Athen«, antwortete er und fügte hinzu, »und Sie, wohin fliegen Sie?«
»Ich wollte, ich könnte dich nach Griechenland begleiten, aber mein Flug endet in Budapest«, gestand die junge Frau, die freundlichen Augen von sanft-wehmütigem Lächeln umspielt.

Karl Friedrichs hieß der Mann an der Bar. Er war im Taxi von West-Berlin herübergefahren, denn der Flug von Ostberlin über Budapest war billig. Und auch der preiswerte Rhabarbersaft schmeckte gut.
In der Interflug-Maschine überdachte der Griechenland-Reisende seine Lage und die sonderbare Begegnung. Die Unbekannte hatte nicht gesagt, sie würde gern nach Athen reisen, sondern:
»Ich würde dich gern nach Griechenland begleiten.«

Die Sommernacht 1979 in Athen war heiß und schwül. Die Luft stand still. Auf dem Rücken ruhend sah Karl Friedrichs zu unendlich vielen glitzernden Punkten und Pünktchen auf, zu denen sich auch der Mond gesellte. Der Vierunddreißigjährige war froh, noch kurz vor Mitternacht eine Matratze mit Decke bekommen zu haben, auf dem Dach eines Guest Houses unweit von Omonia, dem Herzen Athens, denn als er das enge, kahle und schwach ausgeleuchtete Treppenhaus hinaufstieg, sah er in den Zimmern, deren Türen und Fenster weit geöffnet waren, die Menschen nackt und bewegungslos, die Glieder von sich gestreckt, auf den Bettlaken liegen. Unter dem freien nächtlichen Himmel jedoch ließ es sich in luftiger Höhe auch unter einer Decke gut sein. Selbst der Lärm der Stadt, ein Merkmal aller Athener Nächte, war gedämpft, und die Gedanken kehrten zu dem sonderbaren Flughafenereignis des vergangenen Tages zurück.

Nach der Schönefelder Begegnung hatte es eine zweite und letzte gegeben im Flughafengebäude von Budapest. Man hatte sich umarmt, geküsst und die Anschriften ausgetauscht. Traurige Augen hatten uneinlösbare Zärtlichkeit verheißen.

Nun ja, unter Sternen besehen, hätte er auch in einem Budapester Hotelbett liegen können, statt auf diesem Flachdach eines Hochhauses über der Hitze Athens. Vielleicht hatte er eine Lebenschance zu bequem vertan, trotz vieler Unwägbarkeiten.

Schließlich verhüllte, erschöpft von einem bewegten Reisetag, der Schlaf die wehmütigen Athener Sternenhimmel-Gedanken unseres Helden.

An dieser Stelle sei noch vermerkt, dass er einige Monate später eine Ansichtskarte aus Italien erhielt, die eine Heirat anzeigte. Die schöne junge Frau hatte also die ostdeutsche Republik nicht in westlicher, sondern in südlicher Richtung verlassen.

Das Ziel der dreiwöchigen Urlaubsreise des Bremer Bankkaufmanns Karl Friedrichs war Patmos, eine kleine griechische Insel im ägäischen Meer nahe der türkischen Küste, die zurzeit in der Bremer Szene als Geheimtipp gehandelt wurde.

»Das Kloster Johannes Theologos«

Und schon am übernächsten Morgen nahm die tief eingeschnittene Bucht des Hafenortes Skala das Fährschiff in ihren Schutz. Dem Reisenden, der sich hier der Insel Patmos nähert, fällt das hoch ins Himmelsblau ragende Wehrgemäuere und -getürme machtvoll ins Auge. Es thront, die grauen, kronengleichen Zinnen noch vom doppelstufigen Glockenturm überboten, über kubenförmigem Weiß der Chora, ergänzt noch vom grün weniger Ölbäume auf schmalen Terrassen unterhalb des Berg- und Hauptdorfes dieses

Inselchens. Die monumentale Klosteranlage verdankt ihre Entstehung dem Johannes Theologos, dem Lieblingsjünger Jesu und Apostel, wie die alte Kirche gemeint hat. Ordensritter begannen im 12. Jh. mit dem Bau, um den Heiligen Johannes zu ehren, der Ende des 1. Jhs. n. Chr. aus Ephesus, dem Zentrum der römischen Provinz Asia, zeitweise auf das benachbarte Patmos verbannt wurde, weil er dem Kaiser- und Artemis-Kult mit seiner Predigt des »Christos-Gottes« im Wege stand.

Der Freund

»Da bist du nun auch auf der Insel des Heiligen.« Mit diesen Worten kam die große Gestalt, in dunklen grauen und blauen Tönen gekleidet, den Kopf und Oberkörper leicht schräg nach vorn gebeugt, an der Hafenmole auf den Ankömmling Karl Friedrichs zu. Es war der Freund und Pastor der Oldenburgischen Landeskirche Rudi Schaumann.
»Ich habe dich auf diesem Schiff vermutet«, fuhr er fort. »Gehen wir in die Bar vom ›To Néon‹ gleich dort gegenüber vom Anleger! Das Gepäck kannst du unbesorgt hier an der Mauer der Polizeistation abstellen. Im Hotel ›Pátmion‹ ist so früh am Morgen sowieso noch niemand recht auf den Beinen.«
»Die Überraschung ist dir gelungen«, erwiderte Karl Friedrichs, »wie ich deinen Worten entnehme, wohnst du auch in ›Pátmion‹. Nehmen wir einen Ouzo auf kommende Urlaubswochen! Aber vorher brauche ich ein Bad im Meer. Es zieht sich ja gleich hier ein schmaler Sandstreifen entlang.«
Schon war das Gepäck wie empfohlen beim Polizeigebäude abgelegt, ein Handtuch der Reisetasche entnommen und der Bremer Bankkaufmann mit weiten Zügen auf dem Rücken ins Meer hinaus und wieder zurück geschwommen. Derart nach den Reisetagen erfrischt, begleitete er den Freund in die Hotelbar des ›To Néon‹.
Ouzo und Mezedes – eingelegte Oliven und Schafskäse und natürlich Brot und Wasser dazu – wurden gereicht, damit man auf das ungewöhnliche Wiedersehen und unwägbar Bevorstehende anstoße.

»Sind alle Frauen wohlauf daheim?«, steuerte der Theologe und Vertraute schmunzelnd sofort in das gewohnte Fahrwasser ihres Austausches.
»Es ist gut, nun den Abstand zu haben. Der Beziehungsreigen gerät mehr und mehr ins Taumeln«, gestand Karl und gab die Frage zu den Dingen der Zweisamkeit zurück: »Und die Liebe der lieblichen, freiwilligen Pfarramtshelferin zu dir …?«
»… besteht in gewohnter Weise«, beendete Pastor Schaumann die Frage. »Die Kirchenarbeit gefällt ihr und das Zusammensein mit mir wohl auch. Sie wohnt mit ihrer Tochter unweit der Pfarrei in einem schmucken Haus mit Garten, das ihr geschiedener Mann Frau und Töchterchen überlassen hat. Wie es sich ergibt, bin ich dort gern zu Besuch.«
»Es verbirgt sich demnach auch ein Reiz im Wechsel zwischen Amtshaus und Familienhäuschen als Kuschelzuflucht«, meinte Karl und wurde sogleich bestätigt durch die Frage:
»Kennst du mich schon so gut? Übrigens«, wechselte Rudi Schaumann das Thema, »hat sich hier ein kleiner, fester Abendkreis gebildet bei ›Augerinos‹, wo es noch Kochtöpfe gibt, wie es sich gehört, und einen guten Hauswein, versteckt in einer Seitengasse dieses Hafenfleckens. Nette Leute. Man erzählt aus dem Leben oder von Insel-Erlebnissen.«
»Trinken wir noch ein Gläschen auf die glückliche Fügung, und dann sehne ich mich nach Bad und Bett im ›Pátmion‹«, gestand der frisch Zugereiste.
»Gehen wir morgen in die Grotte, du weißt schon, die vom alten Johannes?«, schlug der Theologe vor.
»Gern«, sagte Karl, schon auf dem Weg ins Hotel.

Hotel »Patmion«

Das »Augerinos«

Die abendliche »Augerinos«-Runde hatte den Bremer Bankkaufmann als siebtes Mitglied freundschaftlich aufgenommen. Zwei Tische waren aneinandergeschoben; an einer Seite nahmen Philipp Wolf und Heiner Holzmann eine zierlich-mädchenhafte Grundschullehrerin aus Berlin mit Stupsnäschen und schwarzen Augen und Haaren, Riekchen gerufen, in ihre Mitte. Sie hatte sich dem Ehepaar Wolf im Laufe der Ägäis-Reise angeschlossen. An der Tischseite gegenüber wurden die beiden Ehefrauen Sunan Wolf und Antoinette Holzmann von den Freunden Karl und Rudi seitwärts abgeschirmt. Und so sollte es auch bleiben, Abend für Abend, in trauter Inselzeit.

Als Karl Friedrichs nach seiner ersten Nacht auf der Insel der Apokalypse die Bar des »Pátmion« betrat, fiel der große, dunkle Mann, ausgebreitet in voluminöser Polsterung und vor sich auf rundem Couchtisch den frisch gepressten Orangensaft, sofort auf.
»Nach englischem Frühstück sieht das nicht aus«, sagte Karl, setzte sich dem Freund gegenüber und bestellte kafé skéto und Baumkuchen.
»Hat dir der Tavernenabend gefallen?«, fragte Rudi Schaumann.
»Ich habe mich sofort zwanglos einbezogen gefühlt«, gestand der Neu-Ankömmling, »und möchte den abendlichen Kreis für die kommende Zeit hier nicht missen und auch die Kochtöpfe im ›Augerinos‹ nicht.«

Der Freund schob noch eine kurze Beschreibung der Ehepaare Holzmann und Wolf nach, bevor sie zur Johannes-Höhle aufbrachen.

Heiner Holzmann sei Dozent der Philosophie in Heidelberg und die schöne, von ihm herzlich geliebte Antoinette stamme aus Darmstadt.

Philipp Wolf sei Kapitän zur See – die stämmige Statur möge das schon anzeigen – vornehmlich auf Südostasien-Route und habe seine Frau Sunan als Studentin in Bangkok kennengelernt; mit zwanzig Lenzen komme sie auf die Hälfte seines Alters. In norddeutscher Geest stehe ihr kleines Häuschen, das sie halbjährig gemeinsam bewohnten. In der anderen Jahreshälfte auf See fliege sie ihrem Gatten schon mal gern in die eine oder andere Welthafenstadt hinterher und verbringe auch Fahrtabschnitte an Bord der Containerschiffe.

Die Grotte

Als Karl Friedrichs und Rudi Schaumann das »Pátmion« verließen, wehte ein heftiger Meltemi, und die Sonne brannte bereits, aber Kiefern, Eukalyptus und Zypressen spendeten zeitweise Schatten am Eselspfad, der bis zur Chora hinaufführt und wo die Schritte achtsam gesetzt sein wollen. Auf halber Strecke liegt die Grotte, verborgen in einem blendend weißen, verschachtelten Bau, der sich am Steilhang über Stufen verwinkelt abwärts zieht. Durch eine kleine Eingangshalle erreicht der Besucher schließlich den Raum, in dem Johannes, mit hohem Alter gesegnet, dem Schüler Prochoros die Sendschreiben diktiert haben soll, die wir im neutestamentlichen Kanon vorfinden.

»Die Offenbarungsgrotte«

Die Grotte war düster und stickig. Fahlkalte Schummrigkeit und eine stumme, einsame Gestalt im Halbdunkel der Felsnische – wohl der Aufseher – schreckte die Besucher. Natürlich hängen am Felsgestein Ikonen herum, wie es sich für einen orthodoxen Kirchenraum gehört; und der reisende Besucher möchte schließlich auch Buntes besichtigen: heilige Köpfe von prall-strahlender Göttlichkeit.

So tauschten die Freunde die Verbannungshöhle des alten Sehers aus Kleinasien ohne Aufenthalt wieder gegen das ägäisch-gleißende Tageslicht und setzten den Anstieg auf altem Eselspfad zu dem gewaltigen, zinnenbewehrten klösterlichen Burgdenkmal fort, mit dessen Bau ein Mönch tausend Jahre nach den apokalyptischen Geschichten auf höchster Inselerhebung begonnen hatte und das heute ›Kloster Johannes Theologos‹ heißt.

Das beklemmende Felshöhlen-Erlebnis wirkte noch nach, als Karl der Bankkaufmann den Pfarrer an seiner Seite fragte: »Und das apokalyptische Buch am Ende des Neuen Testaments ist also in jenem Halbdunkel verfasst worden, das wir ja nun eher fluchtartig verlassen haben?«

»Nach alter Inselüberlieferung«, klärte der Theologe auf, »hat der aus der römischen Provinz Asia verbannte Prophet in eben jener Nische aus Felsgestein seinem Schüler und Gehilfen die Sendschreiben an sieben Gemeinden in der Asia diktiert. Ist dir über der von Weihkerzen erhellten Ikonenwand der Riss in der steinernen Deckenplatte aufgefallen? Aus dieser tiefen Spalte soll der Prophet ›eine starke Stimme wie eine Posaune‹ vernommen haben. Neben diesem schwarzen Gewölbeschlund nennt die örtliche Überlieferung noch andere Zeichen heiliger Anwesenheit: Sie bezeichnet die Stelle, an die der alte Seher seinen Kopf lehnte, um auszuruhen, und die, auf die er seine

Hand stützte, um aufzustehen. und ebenso die, auf welche er das Pergament für die Niederschrift der heiligen Texte legte.«
»Also ist dieses sonderbare Buch tatsächlich vom Apostel und Jesusjünger Johannes in jener klammen Gruft verfasst worden?«, hakte Karl Friedrichs bei dem fachkundigen Begleiter nach.
Und der zitierte aus dem Anfang der Apokalypse und den ältesten Kodizes in Züricher Übersetzung: »»Ich, Johannes, euer Bruder und Mitgenosse in der Trübsal und der Königsherrschaft und dem Ausharren bei Jesus, kam auf die Insel, die Patmos heißt, um des Wortes Gottes und des Zeugnisses willen.
Ich geriet am Tage des Herrn in Verzückung und hörte hinter mir eine starke Stimme wie von einer Posaune, die sprach: ›Was du siehst, das schreibe in ein Buch und sende es den sieben Gemeinden nach Ephesus und nach Smyrna und nach Pergamon und nach Thyatira und nach Sardes und nach Philadelphia und nach Laodicea!«
Wer auch immer den Mahn- und Trostbrief geschrieben hat«, fuhr Rudi Schaumann fort, »er ist auf die Insel Patmos verbannt worden, offensichtlich aus dem nahe gelegenen Ephesus, der Metropole der römischen Provinz Asia, weil er den Kaiser- und Artemiskult durch seine Christus-Predigt gefährdete. Der Kult stützt die institutionelle Macht, sei es die des Staates oder die der Kirche. Der Kaiser Domitian hatte Ende des 1. Jhs. n. Chr. in Ephesus eine Statue von sich errichten und sich als Gott verehren lassen. Und dass der Artemis-Kult ein gutes Geschäft mit sich brachte, hatte schon vierzig Jahre zuvor der Evangelist und Apostel Paulus ebenfalls in Ephesus zu spüren bekommen. So lässt sich zusammen mit der Regierungszeit des römischen Kaisers Domitian auch die Abfassung der Johannes-Schriften auf das Ende des 1. Jhs. n. Chr. datieren.

Zur Person des Autors lässt sich nur sagen, was wir in dem eben Zitierten vorfinden: Sein Name sprach für sich, und er war den Gemeinden in der Asia ein geachteter Prediger und Seelsorger, der vielleicht als Wanderprediger wegen des römisch-jüdischen Krieges 66 bis 70 n. Chr. aus dem palästinisch-syrischen Raum in die Asia gezogen war. Ihn den Apostel oder Lieblingsjünger Jesu zu nennen, wie die alte Kirche ab dem 2. Jh. n. Chr. es getan hat, bleibt theologische Spekulation.«

An dieser Stelle beendete Pastor Schaumann erst einmal die geschichtliche Übersicht, denn der unordentliche Pfad hinauf unter heißer Sonne beanspruchte die Leibeskräfte und das besonders bei der Masse Körper, die gewöhnlich die Kanzel so eindrucksvoll ausfüllte.

Das Versäumnis

So verwundert es nicht, dass die beiden Hügelbesteiger vor dem Eingang des Klosters auf 260 Meter Höhe zur Rechten die Terrasse einer Taverne betraten, die zudem einen grandiosen Aus- und Überblick über die tiefe Hafenbucht von Skala bot.
»Ich brauche jetzt ein Bier«, sprach Karl Friedrichs auch dem Freund aus der Seele, der dann nach dem belebenden Trinkgenuss auf seine vortägige Frage nach der heimatlichen Damenwelt zurückkam:
»Mit dem weiten Abstand auf klösterlichem Berg ließe sich über norddeutsche Intimitäten plaudern. Deine Andeutung beim gestrigen Hafentreffen schien Konflikte anzuzeigen.«

Da ein Mensch, mit dem sich Herzensdinge bereden lassen, schwer zu finden ist, und Vertrauen bestand zwischen den beiden noch jungen Männern, gab der eine seinen Bremer Zustandsbericht:
»Ich möchte von einer Begegnung erzählen, die mir nicht aus dem Sinn geht, obwohl sie nun schon über ein Jahr zurückliegt. Ich habe bisher nicht darüber gesprochen und werde es wohl nicht noch einmal tun, denn Schuld und Versäumnis spielen hinein.
Du weißt genügend von dem zweifachen Liebesverhältnis, das sich aufgrund gewisser Annehmlichkeiten verfestigt hat; die jüngere Studentin, die gleichaltrige verheiratete Kollegin sowie ich selbst schätzen die offenen Lebensräume und

haben uns in ihnen recht bequem, wenn auch nicht konfliktfrei, eingerichtet. Aber dazu gibt es nichts Neues.«
»Ich weiß«, bestätigte der Eingeweihte, »noch immer übertrifft die Aussicht auf neues Verliebtsein die auf die Vorzüge eines Familienidylls.«
»Wie gesagt, die Begebenheit, die nicht aufhört, mir zu denken zu geben, liegt etwa ein Jahr zurück«, nahm Karl Friedrichs den Rapport wieder auf. »Auf dieser sonnenwarmen und luftigen Tavernenterrasse bei bekömmlichen Leibesstärkungen will ich die Bremer Liebesgeschichte kurz skizzieren: Sie nahm ihren Anfang in dem Szene-Lokal ›Stubu‹, in der Nähe meiner Wohnung gelegen. Mitternacht war vorüber, als ich beim Verlassen der heimeligen Kneipe die junge Frau vor der Theke wahrnahm. Danach sahen wir uns dreimal. Zuerst besuchten wir an einem der nächsten Abende eine Weserschiffsgaststätte und umarmten und küssten uns dann innigst verliebt am Osterdeich. Am Tag darauf war ich von der liebreizenden Bekanntschaft, schlicht Karin gerufen und als Schneiderin im Kaufhaus Karstadt angestellt, in ihre kleine Zweizimmerwohnung eingeladen. Den abendlichen Besuch kennzeichneten zwei Begebenheiten: In zärtlichem Vertrauen wurden mir Bilder ihrer Familie dargeboten. Und – noch nie habe ich im Empfinden einer blendend-schönen weiblichen Ausstrahlung geruht wie in der Nähe dieser Frau. Ein drittes und letztes Mal sah ich sie einige Monate später in den Wallanlagen, die die Innenstadt umschließen, und die, wie ich wusste, von der begehrenswürdigen Schneiderin als Heimweg von ihrer Arbeitsstelle gewählt wurden.«
»Den Zeitverzug verstehe ich nicht«, unterbrach Rudi Schaumann den Freund.
»Und den hatte nach dem Zweisamkeit verheißenden Wohnzimmer-Abend auch wohl die liebende Schöne nicht

verstanden«, fuhr unser betrübter Held fort, »und so war sie in Trauer und Verwirrnis gestürzt.«
»Liebe mit ausschließlichem Begehren verbunden«, sann der Freund in patmischer Höhe nach, »sind ein seltenes Gut, das nun leichtfertig vertan ist.«
Der Beziehungsgeplagte erinnerte an seine zweifache Partnerschaft und wie er sich bequem eingerichtet in zwei Verhältnissen, die auch noch die eine oder andere vorübergehende Verliebtheit aushielten und deren Vorzüge somit offensichtlich seien, eine absolute Liebesbindung aber nicht vertragen würden.
»Dennoch«, gestand der reumütige Sünder, »ich habe während jener Wallbegleitung darum gebeten, mir Unverzeihliches nachzusehen, aber die süßen Lippen öffneten sich nicht mehr. Die Verletzung eines sehnsüchtigen Herzens war zu groß gewesen. Kurze Zeit danach waren die kleine Wohnung und auch die Stadt von der jungen, traumbildhaft-schönen Frau verlassen, und der Beziehungsvagabund steckt weiter im bekannten Doppelverhältnis ...«
»Eine erschütternd traurige Geschichte«, kommentierte der Freund, »und du hast zu Recht von einem Versäumnis gesprochen.«
Nach einem weiteren Klosterbesuch an diesem Tag stand den beiden Urlaubern nicht der Sinn, und so ließen sie sich eine Weile durch die engen, labyrinthartigen Gassen der mittelalterlichen Chora treiben, beschattet von kleinen, kubenförmig verschachtelten Häusern und hohen Innenhofummauerungen, die vielen klösterlichen Besichtigungsanreize missachtend.
»Muße zum Schreiben«, seufzte der Theologe und zeigte auf eine Platane, die eine hohe Umfriedung überragte, »dort könnte man sie finden.«

»Wohnung oder Haus zu mieten ist hier leider unüblich«, bedachte der Bremer Bankkaufmann. »›To spíti‹ [1] meint in diesem Land eine Immobilie als Eigentum.«

Der Nachmittag war angebrochen. Sonne und Wind wurden kräftiger, und so nahmen die Chora-Rundgänger den Bus hinunter zum Hafenörtchen Skala, verwöhnten sich in einem Kafenío noch mit einem Süßgebäck, bevor sie sich der gewohnten Nachmittagsruhe überließen.

Die Börse

Das Abendmahl war festgelegt im »Augerinos«, die vorzügliche Lammhaxe mit dicken Bohnen genossen, als Heiner Holzmann das Gespräch auf die Finanzen brachte und einen Namen anpries:
»›Dragados‹, ich habe einige tausend Stück gekauft.«
»Stinkefinger«, hielt Philipp Wolf dagegen, »auch ›Bilfinger & Berger‹ genannt.«
»Könnte mir einer kurz sagen, wovon die Rede ist«, warf das Riekchen ein.
»Aktien«, klärte Karl Friedrichs auf, »einer spanischen und einer deutschen Baugesellschaft. Aber den ›Stinkefinger‹ verstehe ich nicht. ›Bilfinger & Berger‹ hat Wachstumspotenzial und ist international gut aufgestellt.«
»Philipp ärgert sich noch immer über die Börse«, sagte lächelnd die jugendlich-zarte Ehefrau aus Bangkok.
»Dann heraus mit dem Börsenärgernis!«, forderte der Philosoph und »Dragados«-Aktionär. »Was so liebevoll-nachsichtig angedeutet wird, macht neugierig.«
»Dazu muss ich allerdings ein wenig ausholen«, begann der so Ermunterte seine kleine Finanzgeschichte:
»Wie ihr wisst, habe ich zwei Berufe, Kapitän und Lehrer für Mathematik und Physik.«
Erstaunt warf Dozent Holzmann ein: »Wie lässt sich das vereinbaren?«
»Problemlos, Heiner«, nahm der Doppelberufler die Frage auf. »Vom Schuldienst kann ich mich halb- oder ganzjährig

aus arbeitsmarkttechnischen Gründen beurlauben lassen, natürlich ohne Versorgungsbezüge. Die Beurlaubung lässt sich zu jedem Halbjahr bis zu insgesamt zwölf Jahren verlängern, um für eine Reederei auf einem Containerschiff zu fahren. Davon und vornehmlich von der Südostasienroute gibt es manch Seemannsgarn zu spinnen; Piraten sind im südchinesischen Meer noch recht beheimatet. Die Finanzgeschichte aber hat sich in der Zeit des Schuldienstes abgespielt, denn an ihr hat ein Kollege Anteil, indem er mir von seinem anfänglichen Börsenwagnis erzählte: Ein paar Siemens- und eben Bilfingeraktien hätten sich übers Jahr prächtig entwickelt. Mit ihrem Verkaufserlös hätte er dann ausschließlich ›calls‹, d. h. Kaufoptionen auf eben das deutsche Bauunternehmen geordert, mit ordentlichem Hebel.«
»Moment mal, Philipp«, unterbrach wieder das Riekchen, den Tischnachbarn seitwärts mit zierlich-hübschen Händchen an der breitstämmigen Schulter rüttelnd, »›calls‹, ›Optionen‹, ›Hebel‹, was ist das?«
Der Fachmann war gefragt, und Karl Friedrichs, ihr Gegenüber am »Augerinos«-Tisch erläuterte bündig: »Calls« seien Optionsscheine, mit denen man das verbriefte Recht erwerbe, den Basiswert, in diesem Fall »Bilfinger«-Aktien, zu einem festgesetzten Termin und Preis zu kaufen. Im Fachjargon spreche man deshalb von einem Termingeschäft. Der »Hebel« stehe für das Mehrfache, das der Optionsschein im Verhältnis zum Grundwert, hier zur Aktie, steigen oder auch fallen könne. Ein größerer Hebel bedeute größere Schwankungsbreite nach oben wie nach unten. Den Hebel aber bedinge der Faktor Zeit: je kürzer die Laufzeit der Option, desto größer der Hebel.
»Gut, gut, lieber Karl«, dankte Riekchen und ermunterte diesmal ihren Tischnachbarn mit zartem Händchen an der

kräftigen Seemannsschulter, mit der Geschichte fortzufahren.

Als dieser gestand, es dem Kollegen gleichgetan zu haben, ergänzte seine geliebte junge Frau verständnisvoll lächelnd: »Eigentlich geht Philipp lieber mit mir in eine Spielbank.«

»Und, habt ihr gewonnen?«, wollte Heiner Holzmann dann doch wissen.

Und so setzte der Seemann und Trader seine Börsengeschichte fort: »Ich habe ›Bilfinger-calls‹ wie der Schulkollege vor mir geordert mit der Laufzeit eines knappen Jahres und somit einer Hebelwirkung des Zwei- bis Dreifachen zur Aktie. In dem unberechenbaren, durch Gier und Angst bestimmten Markt, habe ich schließlich bei geringem Kursverlust verkauft, als die Laufzeit mir zu eng wurde.«

Da könne er doch eher noch von Glück sprechen, meinte Karl Friedrichs und setzte mit einer kritischen Betrachtung des Derivatehandels nach: »Die Wallstreetbanker, besonders die der großen Investmentbanken wie ›Lehman Brothers‹, ›Merrill Lynch‹ oder ›Goldman Sachs‹ überbieten sich bei der Emission dieser Spekulationspapiere, sodass in den Finanzsparten überregionaler Zeitungen die Anzahl der Optionsscheine die der Basiswerte schon übersteigt. Dabei wird nicht nur auf die Wertentwicklung einzelner Gesellschaften, sondern auch auf die von Branchen, Indizes, Währungen, Anleihen und sämtlichen Rohstoffen spekuliert. Das Trading mit Optionspapieren überlagert zunehmend die eigentlichen Geschäfte von Investmentbanken: Kapital für die Wirtschaft bereitzustellen und entsprechend ihres Namens in Unternehmen und Gesellschaften zu investieren, langfristige Wachstumsraten im Sinne. Stattdessen wollen die Manager im Handel mit Derivaten kurzfristige Renditen und entsprechende Bonuszahlungen erzielen.«

»Dabei geht es doch wohl nur um ein Roulettespiel, das auf die Felder ›Rot/Schwarz‹ reduziert ist«, bedachte Heiner Holzmann.
»Grob gesprochen schon«, gab Philipp Wolf zu, »aber den Trader bewegen vor ›Kauf‹ oder ›Verkauf‹ solcher Papiere doch eine Reihe von Bedingungsfaktoren für die Wertentwicklung. Bevor ich zum Beispiel eine Aktienoption eingehe, analysiere ich das zugrunde liegende Unternehmen, oder ich sehe mir vor der Spekulation auf eine Staatsanleihe die jeweiligen volkswirtschaftlichen Daten an …«
»Was ist denn nun mit dem ›Stinkefinger‹?«, wollte die dunkeläugige, schwarz gelockte, zarte Gestalt zwischen den Börsenmännern endlich wissen, und die »Augerinos«

-Runde wurde mit dem Ärgernis bekannt gemacht:
»Der Schulkollege, dem ich diese Trading-Geschichte verdanke, hat trotz besagter Turbulenzen und nur noch kurzer Restlaufzeit die Option weiter behalten und nach börslichem Stimmungswechsel mit einem Gewinn von über einhundert Prozent verkauft. So geht die Namensabwandlung auf mein Pech zurück, wenn es auch nur klein war, wie Karl meint.«
»Na ja, mit der Performance von ›Dragados‹ bin ich noch zufrieden«, meinte der Philosoph aus Heidelberg, der das Börsenthema angestoßen hatte und damit auch beendete.

Zweisamkeit in Grikou

Unser Held und Finanzfachmann in dieser Gesprächsrunde war weniger von dem spannenden Thema als vielmehr von der Ausstrahlung eines dunkeläugigen weiblichen Wesens gebannt, wobei auch angedeutet-erahnbare Rundungen unter weiter, dünnstoffiger Sommerhose ihren Anteil gehabt haben mochten. Und so saßen am folgenden Tag eine junge Frau von zierlichem Reiz und ein noch verhältnismäßig junger Mann, schlank, durchschnittlich groß und mit ein wenig schütterem Haupthaar, in dem 11.30 Uhr-Bus von Skala nach Grikou.

»Felsinsel vor Grikou«

Ein Beweggrund für die Alleinreisende aus Berlin, den Anschluss in loser Geselligkeit an das Ehepaar Wolf gegen einen Tag zu zweit am Meer einzutauschen, mag auch das Bedürfnis gewesen sein, einmal die Begleitung zu wechseln. Also war ein Strand- und Badetag in Zweisamkeit angesagt. Gríkou, benannt nach dem ehemaligen Besitzer des Ortes, war einst eine kleine ruhige Fischersiedlung mit grünem Hinterland. Die Ruhe des abgeschlossenen Meerbusens hat jedoch die Zahl der Sommerfrischler steigen lassen. Auch unser Pärchen ließ sich vom Reiz dieses Fleckens einnehmen und durchschritt vom Felsvorsprung Kalikatsoú aus das Halbrund der Bucht, spazierte den verlängerten Sandstrand von Petra entlang, der schmal und gerade, mit vereinzelten Tamarisken bestanden, mehr als einen Kilometer diesen Küstenabschnitt säumt, folgte dann dem Fußweg über die Landzunge, der es nach einer halben Stunde an die Sandbucht von Psili Amos führte.

Man genoss das saubere Meer und den abgeschiedenen Strand, stärkte sich in der gemütlichen Taverne und beschloss übermütig, nach Petra zurückgekehrt, zu der winzigen Felseninsel nackt hinüberzuschwimmen, die, unweit vom Küstenstreifen, dem Felskoloss Traonissi vorgelagert ist, um so den Badetag zu beschließen. Die Sonne näherte sich schon dem Meereshorizont, bis sich unser Paar von der Meeresfels-Zweisamkeit losreißen konnte.
Denn abgeschieden und nun vertraut hatte man sich an den warmen Felsen und aneinandergeschmiegt, und Riekchen hatte von ihrer bisherigen Ägäisreise mit den Wolfs erzählt:

Auf dem Inseldampfer von Piräus, beim letzten Blick zurück zu den beeindruckenden Tempelsäulen von Sunion,

sei man ins Gespräch gekommen und beisammengeblieben.
Von der Insel der Ariadne erinnere sie bei der Ankunft das große Tempeltor vor der Kulisse von Paralía und Boúrgos-Viertel am Kastro-Hügel mit thronender venezianischer Burganlage. In einem paradiesischen Garten, in dem ein Koúros hingestreckt liege, hätten sie, bewirtet von der freundlichen, sehr alten Besitzerin und ihrem Sohn, die frischen Früchte, eigenen Kitrón und Wein zu einem hervorragenden Rührei so sehr genossen, dass sie den Bus verpasst hätten und ein Autofahrer sie aus der glühenden Nachmittagshitze der Landstraße gerettet hätte. Auch der kilometerweite Olivenhain auf der Tragea-Hochebene, umgeben von Gebirgsmassiven, hätte sie ebenso beeindruckt wie der weitläufige Dünenstrand von Pláka im Südwesten der Insel. Auf einem Ausflugschiff wären sie von Naxos nach Mykonos gekommen, hätten dort das Bummeln in Mykonos-Stadt und das besondere Stranderlebnis der »paradise-beaches« genossen und hätten schließlich mit dem Linienschiff »Piräus-Rhodos« dieses zerklüftete Inselchen des Theologen erreicht, was sie nun nicht bereue.
So waren die jungen Leute in neuer Zweisamkeit aus der Zeit genommen, und als sie wieder in Gríkou ankamen, war der letzte Bus nach Skala bereits abgefahren.
Etwa eineinhalb Stunden später blickten vom trauten »Augerinos«-Abendtisch fünf Augenpaare in gespanntfreudiger Erregung zwei Gestalten unter einem übergeschlagenen Bademantel entgegen, die sogleich ihre angestammten Plätze in abendlicher Freundschaftsrunde einnahmen, den neugierig fragenden Blicken der Freunde jedoch erst entgegenkamen, nachdem sie in die Kochtöpfe der »Augerinos«-Küche geschaut und sich am guten Haus-

wein erquickt hatten. Aber auch die Gruppe hatte Neues mitzuteilen: eine Übereinkunft für den nächsten Tag. Und da sie einen theologischen Hintergrund hatte, nahm Rudi Schaumann das Wort:
»Elia ist angesagt für morgen, der Berg wie der Prophet, ein Picknick auf höchster Inselerhebung«, und den soeben verspätet Eingetroffenen verschmitzt zuzwinkernd, setzte er nach: »Ein Picknick für sieben Personen.«

Der Regen

Und so fuhr am Tag darauf die »Augerinos«-Abendmahlrunde geschlossen mit dem 10.30 Uhr-Bus hinauf nach Chora, deckte sich mit den Zutaten für das Elia-Bergmahl ein und wanderte, so bepackt, bis zur höchsten Stelle der Insel, neun Höhenmeter über Chora. Auf der Straße hinab nach Grίkou und ohne die Bewahrung der Choramauern griff der Meltemi die kleine Wandergruppe hart an. Doch schon bald bogen die Elia-Suchenden an einem Maultierpfad ab, der, teils stufenartig und strauchbewachsen, leicht gangbar ist, und erreichten in kurzer Zeit den Gipfel Prophitis Elias in 269 Meter Höhe und das Kloster mit selbigem Namen, eine verlassene mönchische Niederlassung aus dem 18. Jh. Die Zellen sind leer, aber die Kirche enthält eine verhältnismäßig interessante Ikonostase aus dem Jahre 1875. Schließlich ist die Aussicht von höchster Inselstelle besonders in südlicher Richtung ausgezeichnet.

Nachdem nun ein Lagerplätzchen, geschützt gegen heiße Sonne und heftigen Wind, eingenommen, Mitgebrachtes Erfrischung und Labung gewährt, lag die Frage, von Riekchen gestellt, in mittäglich-schwirrender Luft:
»Was hat denn nur dieser griechische Hügel mit einem Propheten Israels aus dem 8. Jh. v. Chr. zu tun?«
Und als nun sechs Blicke erwartungsvoll auf Rudi Schaumann ruhten, kam dieser seinem Amt nach und sprach:
»In der kanaanitisch-israelitischen Heimat Elias gab es die kultbedingte Schwäche für Höhenheiligtümer. Die Erhe-

bungen in der Landschaft Palästinas waren mit Opferaltären übersät. Offenbar wähnte man sich dem jeweiligen Gott auf Bergeshöhe am nächsten. Wie der Sinai-Berg Horeb für die Gottesbegegnung Moses steht, so entscheidet sich auf dem palästinischen Karmel-Gebirge der Kampf Elias gegen den Baals- und Fruchtbarkeitskult [2] in einem Gottesurteil. Die griechische Orthodoxie hat nun auf diesen berühmten Prophetennamen zurückgegriffen, um eigene Landschaftsgipfel zu benennen.«

»Und das Neue Testament erzählt eine Verklärungsgeschichte, in der auch auf einem Berg Mose und Elia vor Jesus und drei seiner Schüler treten«, schob Antoinette Holzmann ein, deren Eltern einer Darmstädter Pfingstlergemeinde angehörten, »wobei hernach der harmoniebedürftige und warmherzige Petrus vorschlägt, für Jesus, Mose und Elia auf diesem Berg der Erscheinung Hütten zu bauen.«

»Ich weiß von Jesus und Mose, aber von Elia habe ich noch nicht gehört«, gestand der Containerschiff-Lenker und Physiker zu Lande, »dabei scheint er in der biblischen Traditionslinie zwischen Mose und Jesus ein wichtiger Mann gewesen zu sein.«

Die blauen Augen des ebenmäßig-lieblichen Gesichts der Heidelberger Dozentengattin trafen die gleichfarbigen des Seemanns, als sie ergänzte: »Die Evangelien bringen den Gottesmann Elia neben der Verklärungsgeschichte in zwei weiteren Fällen mit Jesus in Verbindung: bei der Frage nach Jesu Person und bei seiner Kreuzigung. So hört Herodes die Menschen sagen: ›Elia ist erschienen‹, und bei der Kreuzigung Jesu äußern die Umstehenden: ›Er ruft den Elia‹.«

»Aber was hat dieser Israelit aus alter Zeit vollbracht«, fragte Philipp Wolf, »dass er in kirchlicher Tradition eine so große Rolle spielt?«

Und so ergab es sich, dass in mittäglicher Bergabgeschiedenheit im Schatten von Sonne und Wind Pastor Schaumann die Geschichte des Gottesstreiters erzählte:

»Elia hat Leib und Leben als Werkzeug Gottes gegeben, sodass nachfolgende Schüler seinen Tod als leibliche Aufnahme in die Himmel verherrlicht haben. Die Bücher der Könige aus dem 6. Jh. v. Chr. erzählen eine Lebensgeschichte, die bestimmt war durch den erbitterten Streit mit dem israelitischen Königshaus um den rechten Gott. Es ging dabei um den Regen, genauer gesagt, um die theologische Frage: Wer lässt regnen – Jahwe, Herr und Gott der Israeliten, oder Baal, Herr und Gott der angestammten Bevölkerung Kanaans? Wie Riekchen schon sagte, befinden wir uns mit Elia im 8. Jh. v. Chr. Der gottgesalbte König Israels in Erbnachfolge war Ahab, verheiratet mit der reizenden Tochter des Stadtkönigs von Sidon um des nachbarschaftlichen Friedens willen, aber wohl auch wegen ihrer jugendlichen Schönheit, die ihn gebannt hatte.
Nun ja, der Regen hatte sich nicht eingestellt, wie es sich jahreszeitlich gehört, und man stelle sich dieses Bild vor:
Auf einem Bergaltar, an den vier Ecken kronengezackt, lodert das Feuer hoch auf über einem jungen zerstückelten Stier, dessen Blut am Sockel des steingemeißelten Opferstocks zu Boden rinnt, um Baal zu tränken, den Herrn und Gott im Innern der Erde. Denn Baal, Gott der Fruchtbarkeit, ist als Regentropfen versickert in die Unterwelt, wo ihn Mot, der Gott der Dürre und des Todes, überwältigt und in den Keller gesperrt hat. Aber Baal hat eine Schwester, die göttliche Anat. Ihr geschwistertreues Herz erweichen die kanaanitischen Priester mit ausdauernden Opfern und Gebeten, sodass die streitbare Göttin in die Tiefe geht und mit dem

Dürre-Gott Mot kämpft. Was könnte ihr in dieser Schlacht mehr Kraft geben als der rote Lebenssaft, das Blut geopferter Stiere und das der Baalspriester selbst, die verzückt um den Altar tanzen und sich ritzen mit Messern und Spießen.
Und wenn oben auf der Erde wieder Regen fällt, dann hat die tapfere Göttin und Baalsschwester den Dürregott besiegt, Bruder und Schwester sind zum Himmel aufgestiegen, und die Baalgläubigen feiern ihren Gott und Herrn.
So wechselten sich Trocken- und Regenzeit ab im ›Milch und Honig-Land‹ [3], bis in der Regierungszeit Ahabs der Regen ausblieb, drei Jahre lang.
Dass Niederschlag ausfiel in diesem Landstrich des ›fruchtbaren Halbmonds‹ zwischen Meer und Wüste, war ein altbekannter Vorfall. Schon die Söhne Jakobs, des letzten Urvaters, zog es aus dem ›Land der untergehenden Sonne‹ [4] in die Kornkammer Ägypten, als über Jahre kein Regen vom Himmel kam, die Bäche versiegten und die Hungersnot groß war.
Nun waren an den Fleischtöpfen Ägyptens aus den zwölf Söhnen Jakobs über Generationen hin zwölf Stämme und ein Volk geworden; sie waren im ›Land der roten Purpurwolle‹ [5] eingefallen, von Osten über den Jordan nach langer Wüstenzeit, und hatten von den Bergen her mit mächtigem Horngeblase auch die befestigten Städte in den Tälern unterjocht.
Der Kampf um das verheißene Land brachte auch den Streit um gegensätzliche Gottheiten mit sich. Da stand der Ackergott der Sesshaften gegen den Wegegott der Nomaden, Baal, der Herr der Fruchtbarkeit, gegen Jahwe, den Wüstengeleiter und Herr der Heerscharen.
Natürlich ließ sich auch ein ›Sowohl – als auch‹ denken, denn als die hebräischen Wüstenrandbewohner und Klein-

viehhalter Ackerboden unter den Füßen hatten, ging es nicht mehr nur um die Vermehrung von Schaf und Ziege, sondern vor allem um die Erträge des Feldes. Sie lernten von den Besiegten die Bodenständigkeit und mit ihr auch die Verehrung der für den Ackerbau zuständigen Gottheit.
Ganz sicher war Jahwe, Herr der Heerscharen, ein Gott der Wüste und des Krieges; aber war er auch für die Bestellung des Ackers zuständig? Vielleicht sagten ihm Feldfrüchte nicht sonderlich zu, wenn man an die Geschichte mit dem Landmann Kain [6] dachte. Warum sollte man nicht jeden Gott für das verehren, wofür er da war? Hatte nicht Jahwe gesagt: ›Ich bin, der ich bin!‹
Ein Opferstock für Jahwe, den Retter aus ägyptischer Knechtschaft und Wüstengeleiters aus alten Zeiten, und ein Opferstock für Baal, den Feldgott der Sesshaften, zu denen sie nun auch schon seit Generationen gehörten: Das war verlockend, wenn nur nicht der Gott der Wüstenzeit so eifersüchtig wäre. Und so schwelte der Konflikt um die rechte Gottesverehrung über Königsgeschlechter dahin.
Schon der dritte König Israels nach der Landnahme Kanaans, der große Salomo, ließ unzählige Altäre fremder Gottheiten errichten, um die Wünsche der vielen ausländischen Nebenfrauen und Liebesgespielinnen zu befriedigen, sodass nach seiner gesalbten Amtszeit der eifernde Gott das zwölfstämmige Königreich in ein Nord- und ein Südreich spaltete.
Aber der Kult um Baal und den Stier als Symbol der Fruchtbarkeit bestand in Israel, und seine Könige erzürnten weiterhin ihren Gott von der Wüste her.
So kam Elia als Bote Jahwes im 8. Jh. v. Chr. auf den Plan der Geschichte, als Ahab in Geschlechterfolge gesalbter König von Israel war, ein Regent, bedacht auf Verständi-

gung zwischen Kulturen und Völkern. Er heiratete die phönizische Prinzessin aus Sidon, einer Hafenstadt am Mittelmeer, obwohl sie eine leidenschaftliche Anhängerin Baals war, wobei diese kanaanitische Gottesbezeichnung ebenso wie die israelitische ›Herr‹ bedeutet, nur eben ›Herr des Regens und der Vermehrung‹.
Ahab duldete den einheimischen Fruchtbarkeits- und ›Herren‹-Kult, wohl wissend, dass der eigene Gott ein eifersüchtiger Gott und ›Herr‹ war und ihm dann auch im Gottesmann Elia entgegentrat, um das Strafgericht anzusagen:
›So wahr Jahwe, der Gott Israels lebt, dessen Diener ich bin; es wird in diesen Jahren weder Tau noch Regen fallen – außer wenn ich es sage.‹
Der König, dem als Israelit sein Gott nicht gleichgültig war, erschrak, mochte aber ohne einen Disput nicht weichen:
›Bist du jetzt Baal, dass du den Regen machst? Und selbst wenn du Herr des Regens wärest, was habe ich dir getan?‹
›Nicht gegen mich, gegen Jahwe, unseren Gott, hast du gefrevelt, wie schon König Jerobeam vor dir, als er am alten Reichsheiligtum Bethel vergoldete Stierbilder [7] aufstellen ließ‹, stellte Elia fest.
›Mann Gottes‹, entgegnete Ahab, ›du weißt wie ich, er tat es, um Beth-el aufzuwerten gegen Jerusalem, denn mit der Abspaltung Judas war Israel der Tempel in Jerusalem als Zentralheiligtum genommen. Und die Stiere waren doch nur Podeste, sozusagen Reittiere unseres unsichtbar darauf thronenden Jahwe.‹
›Soweit ist es nun schon gekommen‹, empörte sich der Prophet, ›dass Jahwe, der Bilderlose, auf den Buhlstieren Kanaans reitet, so wie du dir die Tochter Eth-baals, des Königs der Sidonier, zum Weibe genommen hast.‹

›Dann sage mir, in Gottes Namen, wie soll ich Frieden halten im Lande und nach außen?‹, gab der König zu bedenken. ›Ständig gibt es Streit mit Aram [8] im Norden; so ist wenigstens Ruhe an der phönizischen Front, und die Kanaaniter sind durch den Baalskult der Königin auch befriedet.‹

›Politik hin, Politik her‹, setzte der Gottesbote die Anklage fort, ›deine Gattin und Baalsbuhlerin pflastert die Hügel Israels mit Fruchtbarkeitsaltären und Ascheren zu, und die Zahl dahinscheidender Jahwe-Priester nimmt in erschreckendem Maße zu. Dass dabei Isebel ihr zartes Streichelhändchen im Spiel hat, ist unübersehbar, auch für dich. In deinem Palast kannst du keinen Schritt mehr tun, ohne über Baalspriester zu stolpern. Du weißt so gut wie ich, dass unser Gott von der Wüste her ein eifernder Gott ist. Und so bleibt es dabei: Kein Regen, bis ich es sage!‹

Und schon war er weg, der Gottesmann, noch ehe die Palastwache zur Stelle war. Sie fand ihn nicht im Königshaus und auch nicht in Samaria, der Hauptstadt des Reiches. Das Strafgericht aber nahm seinen Lauf. Der Regen blieb aus, die Bäche versiegten, und die Hungersnot machte das Regieren nicht leichter für den König des Ausgleichs.

Er ließ fahnden nach dem Unheilsbringer, lange Zeit, vergeblich. Elia war weg, wie von der Erde verschluckt. Natürlich war er nicht wie der Regengott vom Dürre- und Todesgott in der Unterwelt überwältigt worden. Im Gegenteil: Auf Schleichwegen war er nach Osten gelangt an den hübschen Bachlauf Krith jenseits des Jordans, wo er sich verbarg. Denn vor Isebel, der Königin und Baalsanbeterin, musste man auf der Hut sein.

So labte er sich an dem frischen Wasser des Baches, bis auch dieser in der Trockenheit versiegte.

Die Zeit der Dürre war auf drei Jahre festgesetzt, die der Jahwe-Streiter aus Thisbe in Gilead nach der Bach-Idylle in ärgstem Feindesland verbrachte: in Phönikien am schönen mittelländischen Meer. Sarepta hieß das reizende Seestädtchen und war nur einen zweistündigen Spaziergang von der heimatlichen Residenz seiner Widersacherin, der Prinzessin von Sidon, entfernt.

›Offenbar bist du nur von unfähigen Nichtsnutzen umgeben‹, warf diese ihrem Mann vor, ›jeden Winkel Israels lässt du durchsuchen und findest meinen Feind Elia nicht, obwohl ihn jeder kennt im Lande.‹

›Ach Isebel‹, seufzte der König, ›du kennst mein Bedürfnis nach politischer Harmonie ebenso wie das nach der Umarmung deiner Schönheit; aber treibst du die Baals-Eiferei nicht ein wenig zu weit? Mehr und mehr meiner Jahwe-Propheten lässt du umbringen, wogegen die Baalspriester im Palast immer fetter werden.‹

›Mein lieber Gatte‹, erwiderte die Königin, ›meinst du, ich wüsste nicht, was hinter meinem Rücken geschieht? Ich weiß wohl, dass du an deinem treuen Hofmeister Obadja, dem Jahwe-Diener, hängst, und dass er viele eurer Propheten vor mir versteckt. Wie soll die tapfere Anat da den großen Baal aus den Klauen Mots befreien können? Wir haben schon drei Jahre Dürre.

Das Vieh kommt um, und die Menschen hungern. Also schaff mir diesen Verderber Elia her!‹ Der aber hatte die Angewohnheit, gerade dort zu sein, wo er nicht vermutet wurde, und bewohnte das Dachstübchen im Haus einer Witwe im phönizischen Hafenstädtchen Sarepta.

Und das kam so: Als Elia, der Thisbiter, vor das Stadttor von Sarepta, nahe Sidon, kam, fiel ihm eine noch junge Frau auf, die Holz las.

›Hole mir ein wenig Wasser in einem Krug! Ich möchte trinken‹, sagte er zu ihr. Als sie seine Worte befolgte, rief er ihr nach: ›Bringe mir doch auch einen Bissen Brot mit!‹
Es kann nicht verwundern, dass den Propheten dürstete und hungerte, denn er hatte einen langen Weg hinter sich. Östlich des Jordans nach Norden hatte er die Jesreel-Ebene Samarias und den See Genezareth umgangen, am Hule-See vorbei war er zwischen den galiläischen Bergen und dem Libanon dem Bache Litani bis zum Meer nördlich von Tyrus gefolgt und so bis vor Sarepta gekommen.
Die Landsmännin seiner königlichen Feindin antwortete: ›Wasser will ich dir bringen, aber, bei deinem Gott, Gebackenes habe ich nicht. Außer einer Handvoll Mehl im Topf und ein wenig Öl im Krug ist mir nichts geblieben.‹
Offenbar hatten die scharfen Sinne der Frau den Fremdling sogleich als Mann Gottes ausgemacht, und sie fuhr fort: ›Mit den paar Stücken Holz werde ich es im Haus für meinen Sohn und mich zubereiten; und wenn wir es gegessen haben, werden wir verhungern müssen.‹
Darauf sagte Elia: ›Sei ohne Sorge! Geh heim und tue, wie du es willst; doch mache mir davon zuerst ein Brötchen und bring es mir heraus! Für dich und deinen Sohn magst du hernach etwas bereiten.
Denn so spricht der Herr, der Gott Israels:

Das Mehl im Topfe
soll nicht ausgehen,
und das Öl im Kruge
soll nicht versiegen,
bis zu dem Tag, da der Herr
dem Land Regen spendet.‹

Und sie hatten zu essen, sie und Elia und der Knabe, Tag für Tag.«

»Da denkt man doch sofort an die Brotvermehrung Jesu am See Genezareth«, warf die Gattin Heiner Holzmanns aus pfingstlerischem Elternhaus ein und erinnerte damit an eine Notiz der Evangelien, in Jesus sei der gen Himmel entrückte Elia erschienen.

»Zu Recht, Antoinette, siehst du auch hier eine Parallele im gottesmächtigen Handeln beider Männer«, bestätigte der Elia-Geschichten-Erzähler. »Die Königsbücher berichten noch von einem zweiten, weit größeren Wunder im Hause der Phönizierin, das auch wieder an das Wirken Jesu denken lässt:

Das Kind der Wirtin wurde krank und starb. In ihrem Gram beschuldigte die trauernde Mutter den Gottesmann:

›Ich weiß wohl von deinem Prophetenamt, dass du Vergeltung bringst, wo gegen deinen Gott gesündigt worden ist. So bist du in mein Haus gekommen, um meine Schuld an meinem Sohn zu sühnen.‹

Elia forderte sie auf: ›Gib mir deinen Sohn!‹

Das Buch der Könige erzählt dann die zu Herzen gehende Wundergeschichte:

Der Fremdling und Gast nahm das tote Kind aus den Armen der Mutter und trug es in das Obergemach hinauf, das er bewohnte in dieser Zeit seiner Flucht, legte es auf sein Bett und betete.

Und dann geschieht etwas, wovon der Evangelist Markus und Biograf Jesu auch berichtet: Bei Gott ist der Tod nicht das Ende des Lebens, und so vermögen Tote wieder zu leben, auch in dieser Welt als ein Zeichen. Somit verwundert es nicht, dass Markus als erster Sammler der Geschichten Jesu

auf Stimmen stößt, die ihn mit Elia in Verbindung bringen, dessen Gott das Wundersame vollbringt im Verborgenen des Obergemachs, das die phönizische Witwe dem Gast und politischen Flüchtling überlassen hat, dass er sich verberge vor dem Zorn und den unerbittlichen Nachstellungen der israelitischen Königin. Denn sie schickte Suchtrupps auch über die Grenzen Israels hinaus in den Jahren der Dürre, um ihren Erzrivalen in Sachen Gottesverehrung zu fangen.
Der aber beendete die Zeit des Unterschlupfes, nachdem er seiner Gastgeberin den Sohn zurückgegeben hatte, nun wieder lebend und gesund.
Drei Jahre dauerte die Plage der Trockenheit und forderte viele Opfer in Palästina und bei den Hofpropheten Jahwes. Kaum hundert von ihnen konnte Obadja, Hofmeister und Getreuer des Vätergottes, den wütenden Mörderhänden der schönen Isebel entreißen und in geheimen Höhlen verstecken. Dagegen tummelten sich über vierhundert Baalspriester im Königspalast.
›Es sind deiner vergötterten Günstlinge nun aber genug‹, beschwerte sich Ahab, der auf Ausgleich bedachte König, bei seiner Gemahlin und Baalsschwärmerin.
›Lege du mir lieber endlich den Kopf dieses Elia zu Füßen‹, konterte die streitbare Hübsche, ›damit Baal sich aus dem Verlies der Unterwelt zum Himmel erheben kann und endlich Regen fällt.‹
Wie schon erwähnt, war es für den Gottesmann Elia eigentümlich, unvermutet da zu sein, so auch bei der nun folgenden Begegnung mit dem König.
Ahab durchstreifte nach jener Königinnenschelte mit dem getreuen und jahwegläubigen Hofmeister das Land, um nach Bächen und Quellen zu suchen, die noch nicht versiegt waren und nach verbliebenem Weideland für Pferd und Esel,

als augenblicklich der erbittert Gesuchte vor ihm stand und sein rätselhaftes Erscheinen ihn zu der Frage bewog:
›Was willst du von mir, Verderber Israels?‹
›Nicht ich habe diese Plage zu verantworten‹, erwiderte Elia, ›du trägst die Schuld, denn du hast das Volk des Sinai-Gottes zum Fruchtbarkeitskult verführt, indem du die phönizische Prinzessin und Baalshörige zur Frau genommen und zur Königin über Israel gemacht hast. Die Baalim [9] und Ascheren [10] überschwemmen die Hügel unseres Gotteslandes ärger noch als zur Zeit Jerobeams, der auch nicht von den Stieren lassen konnte, wenn auch nur als Altarfüße. Sieh auf dein Volk, das Volk des mosaischen Gottesbundes, wie es sich ergötzt an den Lüsten der Götterkulte, den Baalim mit ihren triebgestaltigen Stieren und der hochbrüstigen Astarte [11]. Der Gott Moses zürnt zu Recht, und deshalb muss der Kampf der Gottheiten jetzt entschieden werden.‹
Wie diese Entscheidung ausfiel, entnehmen wir dem Bericht, den der König seiner Gemahlin und Throngenossin gab, nachdem er mit seinem Hofmeister in den Palast zu Jereel zurückgekehrt war, einem Bericht, der die heiß begehrte Schulter in gemeinsam-königlichem Bette auf lange Zeit erkalten ließ:
›Wie du wohl noch weißt, durchstreifte ich mit Obadja das Land auf der Suche nach Wasser und Weide, als mir plötzlich Elia entgegentrat und einen Gottesbeweis, ein gewaltiges Spektakulum, ankündigte auf dem Berge Karmel, wozu ich die Ältesten der israelitischen Stämme und ihre Heerscharen einladen sollte, ebenso auch alle Priester Baals und der Aschera.‹
›Der Meister ruft, und der König folgt‹, warf Isebel zornig ein, ›was sind das für Sitten in diesem Land!‹
›Was hätte ich tun sollen?‹, fuhr Ahab fort, ›wir brauchen Regen, dringend, und der Gottesmann ist bekannt für Wun-

derdinge; so sollte er denn sein Werk tun. Und wie du ja wohl schon bemerkt hast: Es hat geregnet mit Blitz und Donner.‹
›Also, nun erzähl schon! Was ist geschehen?‹, fragte die erregte Gattin ungeduldig.
Und der König gab Bericht:
›Es hat einen Wettstreit gegeben auf dem Berg Karmel, einen Wettstreit der Opferkulte, sozusagen Altar gegen Altar und Stier gegen Stier, einen Wettstreit zwischen Jahwe und Baal um das Feuer, das den opfermäßig zerlegten Stier verbrennt.‹
›Aber das ist doch unfair!‹, fuhr Isebel dazwischen. ›Schon seit Mose hat euer Sinai-Gott Erfahrung im Feuerspiel, wogegen unser Baal ein Regenmacher ist.‹
›Schon‹, hielt Ahab dagegen, ›aber Blitze macht er auch.‹
›Nun erzählt schon weiter!‹, drängte die junge Königin, und ihr Gemahl setzte den Bericht fort:
›Elia ließ deinen Priestern den Vortritt, ihren Stier opfergerecht zuzurichten auf dem Holzaltar. Sie riefen den Namen Baals an vom Morgen bis zum Mittag. Sie hüpften und sprangen um den Opferstock und flehten: ›Baal, erhöre uns!‹ Aber – kein Laut, keine Antwort, kein Feuer fiel vom Himmel.
Als es Mittag war, spottete Elia: ›Ruft doch lauter, hüpft höher, stampft stärker! Wie wollt ihr durchdringen zu eurem Gott in die Tiefen der Unterwelt?‹ Baal sei wohl in Gedanken oder sei abseits gegangen zu einem natürlichen Geschäft oder gar verreist; vielleicht schlafe er auch nur fest.
Laut riefen die Priester den Namen Baals beim Opferstier-Reigen, schärfer ritzten sie sich mit Messern und Spießen, und das Blut rann an ihnen hinab, bis sie in Verzückung waren. Zur Speiseopferzeit gerieten sie ins Rasen – aber keine Erhörung!
Da griff Elia ein und sagte, nun sei er an der Reihe. Er ließ den Jahwe-Altar mit zwölf Steinen neu herrichten – du

weißt, dass Israel aus den zwölf Stämmen der Söhne Jakobs besteht – und dreimal vier Eimer Wasser über den zerstückelten Stier gießen – man beachte wieder die Zahl zwölf. Nach weiteren Verordnungen und dem Gebet des Propheten zündelte zur Speiseopferzeit das Feuer herab.‹
›Das wundert mich nicht‹, fiel Isebel ein, ›das Wasser hat Baal und Anat gestärkt im wilden Kampf gegen Mot, den Totengott der Unterwelt. Elia, der spöttelnde Schurke, wusste wohl, was er mit den Wassereimern tat. Während er dann zu eurem Herrn betete, konnte die tapfere Anat mit Schwert, Spieß und Streitaxt ihren Bruder befreien, der sofort zum Himmel auffuhr und den Blitz schickte zum Zeichen des Sieges. Und natürlich regnete es später, denn Baal war ja wieder im Himmel und fiel als Regen zur Erde herab.‹
Mit Staunen vernahm der König zwischen den Fronten die Umdeutung seiner Gattin, als diese auch schon die unausbleibliche Frage nachschob:
»Und wo steckt der Gauner Elia jetzt?‹
›Nun‹, antwortete Ahab, ›als ich vorhin vom Karmel-Berg nach Jesreel fuhr, lief er noch vor mir her, der alte Mann, seine Lenden gegürtet.‹
›Und‹, fragte Isebel, ›hast du ihn endlich gefangen, den Fuchs? Auch vermisse ich meine Priester‹, setzte die phönizische Prinzessin und Königin Israels nach.
Ahab zögerte eine Weile, bis er die Berichterstattung beendete:
›Die Abteilungen der Stämme haben sich auf die Seite des Propheten geschlagen nach dem wundervollen Himmelsgeblitze, und deine Priester wurden erschlagen unten am Bache Kison; keiner konnte entkommen. Elia aber ist wieder fort; man kennt das ja schon.‹

›Also ist er dir auch dieses Mal entwischt!‹ Und dem Vorwurf Isebels folgte ihre Drohung: ›Von nun an nehme ich die Verfolgung meines Feindes selbst in die Hand.‹
Sie ließ im Reich die Nachricht verbreiten, sie persönlich werde Rache nehmen am Gottesmann aus Thisbi, und ihre Worte kamen Elia zu Ohren:
›Bist du Elia, so bin ich Isebel! Die Götter sollen mich nach Gutdünken strafen, wenn ich nicht morgen um diese Zeit dir tue, wie du meinen Priestern getan hast!‹
Da fürchtete sich der Eiferer Jahwes und machte sich auf, sein Leben zu retten.«

»Das passt aber nicht zusammen.«, gab Riekchen zu bedenken und war offenbar trotz fortgeschrittener Mittagszeit und eines entsprechenden Sonnenstandes noch bei kritischem Verstand, »Das israelitische Volk samt Streitmacht war doch nach dem Karmel-Ereignis zum Jahwe-Glauben zurückgekehrt. Was sollte Elia da zu befürchten haben? Er hatte doch die Schlacht gewonnen.«
»Eine Schlacht schon, aber die Herzen nur für kurze Zeit«, mutmaßte der ausdauernde Geschichtenerzähler. »Zu groß war auch für israelitische Heeresmänner die Anziehungskraft der hochbrüstigen Astarte und ihr Sexual- und Prostitutionskult. Und im Königspalast waren die Baalspriester schnell wieder in der Überzahl, denn das höfische Priestertum war eine begehrte Zunft.
Der Prophet und Jahwe-Streiter aber war auf der Flucht, und uns begegnet fern im Sinai-Land auf mosaischem Berg ein anderer Elia und ein veränderter Gott.
Davon, so gewünscht, ein anderes Mal«, schloss Rudi Schaumann die erste Elia-Geschichte.

Auch war es Zeit für den Rückweg, wollte man den Vierzehn-Uhr-Bus noch an der Landstraße nach Chora abfangen und der nachmittäglichen Sonnenglut entgehen.

Bouzouki-Nacht

Im Inselbus war die Nachricht unüberhörbar: Bouzouki-Nacht in der Landtaverne an der Straße Chora–Gríkou, Beginn 20.30 Uhr. Nisiótika, die traditionelle Musik der Kykladen und des Dodekanes, sei angesagt, und die Familie Konitópoulos von Naxos mit Irini und Stella, den beliebtesten Stimmen der Inselwelt, werde ungeduldig und sehnsüchtig erwartet.

Nun ist eine Bouzouki-Nacht nicht eben preiswert, aber unsere »Augerinos«-Abendmahlgruppe war von der Aussicht eines Tavernenwechsels solcher Art uneingeschränkt angetan. Zudem einigte man sich sofort und unbedingt auf den Vorschlag der hübschen, thailändisch-zierlichen Gattin Philipp Wolfs, den famosen Elia-Geschichtenerzähler in der außergewöhnlichen Tavernennacht von den Kosten zu befreien, als sie bekannte:

»Besonders für mich aus fernöstlich-buddhistischen Kulttraditionen war die Geschichte der Glaubensüberlieferung aus dunklen Tiefen orientalisch-jüdischer Vergangenheit lehrreich und spannend, vor allem, weil du, lieber Rudi, so anregend und lebendig erzählt hast.«

Diesem Lob wurde mehrfach zugestimmt und so beschlossen sie, alle Ausgaben der Bouzouki-Nacht zu gleichen Anteilen durch sechs zu teilen, sodass dann auch der Gelobte den unerwarteten und ungewöhnlichen Dank annahm, zumal er sich über die begeisterte Rückmeldung des Freundeskreises freute, denn der Vortrag an mittäglichheißer Ruinenstätte hatte ihm doch manchen Schweißtropfen abverlangt.

Also war für den kommenden Abend das »Augerinos« abgelöst von der Bergtaverne nahe Chora, in der ab 21 Uhr sieben Seelen aus dem Nordlande wieder erfrischt und ausgeruht einer langen Nacht erwartungsvoll entgegensahen.

»Ihr wisst«, nahm Karl Friedrichs das Wort, als die neue Küche genossen, aber noch kein Musikant in Sicht war, »Rudi und ich kennen uns von norddeutschen Landen her und waren auch halbwegs auf diesem Inselchen verabredet, und so hat er mich zu euch gebracht. Friederike hat mir unterhalb dieses Hügels auf dem Felseneiland vor Grίkou von ihrer Begegnung mit Sunan und Philipp auf dem Kykladendampfer berichtet …«

»Und Heiner und ich«, griff die schöne Antoinette die Vorgeschichte der »Augerinos«-Gruppe auf, »haben die Inselhüpfer auf der Frühstücksterrasse des ›Theoxenia-Hotels‹ von Mykonos-Stadt gesehen und einige Abende danach in unserer patmischen Taverne wieder getroffen, wo sich Rudi schon zu ihnen gesellt hatte, der später dich in die Abendmahlsgruppe brachte und so unseren Kreis geschlossen hat.«

»Zu meiner näheren Bekanntschaft mit den Wolfs«, erklärte der Pastor aus dem Oldenburgischen, »hat wohl auch die gemeinsame Herkunft beigetragen, die in einem ersten Gespräch verbindend wirkte. Sie haben sich in norddeutscher Geestlandschaft ein kleines Heuerhaus als Zuflucht von den Weltmeeren ausgebaut.«

»Und was verknüpft einen Mann der oldenburgischen Landeskirche mit dem einer Bremer Bank?«, wollte nun die Berliner Grundschullehrerin wissen, indem ihre hübschen schwarzen Augen aus hintergründiger Tiefe glänzten.

»Finanzen«, sagte der Theologe knapp, und der Freund ergänzte: »waren der Anlass unseres ersten Zusammentreffens.«

Riekchen, die den Dingen gern auf den Grund ging, genügte diese zweimündige Antwort nicht und provozierte mit der Frage:

»Sorgt sich ein Kirchenmann nicht um Seelen statt um Geldgeschichten?«

Tatsächlich erreichte sie, dass Rudi Schaumann beichtete, er habe in der Bremer Bank wegen eines Krediertes nachgefragt, um Garagen zu erwerben für die Vermietung zwecks Alterssicherung, und sich als Lutheraner auf den Wittenberger alter Tage berief: »Der Mensch ist ein zweiwertiges Wesen.«

»Und der Austausch über ›kosmos‹ und ›logos‹ hat sicher unsere Beziehung vertieft«, bemerkte der Freund und Vertreter des allzu Weltlichen. »Die Anziehung liegt da wohl im Gegensätzlichen, und in den irdischen Welten drehe sich eben vieles ums Geld.«

»Und um sonst noch allerlei Begehrlichkeiten«, griff die schöne Antoinette den Ausspruch des großen Reformators über die Eigentümlichkeit des Menschenwesens auf, wobei Geisteshaltung und Lebenssicht ihres christlich-freikirchlichen Darmstädter Elternhauses durchschienen:

»Gewiss ist der Mensch im Unterschied zu anderen natürlichen Wesen ›zweiwertig‹, sodass in der Spannung zwischen ›physis‹ und ›Geist‹ Schuld entsteht. Aus dem Bewusstsein von Schuld aber erwächst die Logik der Versöhnung, die Gott selbst dem ›zweiwertigen‹ Geschöpf in dem eigenen Sühneopfer, dem leiblichen Sterben Jesu am Pfahl, anbietet, so, als wolle er den Menschen, beladen mit dem Bewusstsein von Schuld und Tod, mit sich versöhnen, sofern der Vernunftbegabte seinem Gott und Schöpfer solches Tun zutraut und es froh und dankbar als Geschenk des Lebens schlechthin annimmt.«

»Anders gesagt«, nahm der Dozent der Philosophie den Bedingungssatz seiner reizenden Gattin auf, »wenn er glaubt, dass Gott ›Geist‹ ist und dass nach christlicher Tradition der ›Gottesgeist‹, im Menschen Jesus aus Nazaret verkörpert, sich in der Geschichte in Taten und Worten gezeigt hat.«

Und nun sei dem Heidelberger Dozenten die Schwenkung im Gedankengang berufshalber nachzusehen, wenn er den verehrten Vertreter seiner Zunft vorschob:

»Auch der Königsberger Aufklärer setzt sich mit der Gottesfrage auseinander und definiert Logik als Beschäftigung mit Gott. Indem er die ›Vernunft‹ absolut setzt und sie als autonome Instanz von der ›physis‹, der Natur und Geschichte loslöst, vermag sie Gott zu erkennen, aber nicht einen offenbarten Gott im Wort, in Glaubenssätzen, sondern den ›Gott in uns‹, den Gott der sittlichen Ordnung als Ideal. Kant denkt eine ›innere Offenbarung‹, die zeit- und sprachlos ist und ersetzt so den Offenbarungsglauben durch den Vernunftglauben, in dessen transzendent-theologischem Ansatz das Leben nach dem Tod weitergehen muss um der Selbstverwirklichung des Menschen willen. Offenbarung wird zu einer logischen Bewegung, in der Erfahrung zur Gotteserkenntnis werden kann. Damit folgt Kant der Metaphysik des Kirchenvaters Augustin, wonach das ›Unendliche‹ in der ›Seele‹ des Menschen angelegt ist. Aber, wie redlich das Bemühen des Menschen auch ist, in der Gottesfrage bleibt es fragwürdig.«

»Zumal bei all den Denkansätzen der Begriff der ›Gnade‹ fehlt«, griff Rudi Schaumann die Bedenken auf und schlug einen Bogen zu Elia:

»Der kantsche Gott des sittlichen Ideals spiegelt sich sehr schön in einer alten Prophetengeschichte zweieinhalbtausend Jahre vor dem großen Königsberger Philosophen und stellt einen anderen Elia vor, als wir ihn in der mittäglichen Berggeschichte kennengelernt haben. Gott setzt ihn in das Botenamt ein, damit er für gesittetes Recht, für Gottesrecht streitet, eine Ethik, die wir gut nachvollziehen können. Auch ist die Geschichte nicht so lang wie die über ›Regen und Baalim‹ und würde das Elia-Bild recht hübsch abrunden.«

»Nun, wie es scheint, lassen die Bouzouki-Musikanten noch auf sich warten«, warf die Berlinerin ein, deren dunkle Augen in diesem griechischen Bergtavernenlicht reizvoll versunken schimmerten; auch habe sie aus kundigem Kykladenmund vernommen, dass Bouzouki-Konzerte nicht vor Mitternacht zu beginnen pflegen.

»Na dann«, ermunterten seemannsblaue Augen mit seitlich schelmenhaft abfallenden Winkeln den Prophetenerzähler, »hast du für eine lange Musik- und Tanznacht noch einige Gläschen vom feinsten Nemea-Wein gut.«

»Von heute Mittag her«, begann Rudi Schaumann die zweite Elia-Geschichte, im Buch der Könige betitelt mit »Naboths Weinberg«, »kennt ihr noch die Eigenart dieses Propheten, unerwartet dort zu sein, wo es der Auftrag seines Gottes vorsieht. In unserer Erzählung war es ein guter Weinberg neben dem königlichen Palast zu Jesreel, ein Plätzchen, um das Ahab, der Gesalbte Israels, seinen Nachbarn und Angehörigen der Bundesstämme, den Bauern Naboth, heftig und mit großem Begehren beneidet hatte und das endlich ihm gehörte, nachdem der Bauer nun tot war.

Genießerisch spazierte er auf dem Fleckchen Land, nach dem seine Herzenslust noch kürzlich getrachtet hatte, wenn auch die Besitzerfreude nicht ohne Wehmut war, denn er

wusste wohl, dass beim Erwerb gegen Gottesrecht verstoßen worden war, gegen das Gesetz des Bundes- und Sinaigottes, des Bilderlosen und Unsichtbaren aus alter Mose- und Wüstenzeit, ein Recht, nach dem das Land ein unveräußerbares Lehen Gottes ist im Rahmen der Bundestreue Israels.
Und da stand er auch schon, Elia, der Gottesgesandte aus Thisbi in Gilead, stand im Weinberg von Jesreel am Fuße des Berges Gilboa, von wo die Augenweide über die Ebene mit dem Flüsschen Kison so reizvoll ist, wie auch immer er hierhergekommen sein mochte, so schnell von jenseits des Jordans her. Kam das Gewissen des Königs ins Spiel, als er die Worte des Gottesboten hörte?

›Du hast gemordet und dann in Besitz genommen.
Darum, so hat der Herr gesprochen:
An dem Ort, wo die Hunde Naboths Blut geleckt haben, werden die Hunde auch dein Blut lecken.‹

Was war geschehen?
Der angesehene israelitische Bauer Naboth war Opfer einer Intrige geworden, gesponnen von Isebel, der hübschen Königsgattin. Wie wir schon wissen, war sie eine leidenschaftliche Verehrerin des kanaanitischen Stier- und Fruchtbarkeitsgottes Baal, und sie war die Tochter des phönizischen Stadtkönigs, der nach absolutem Königsrecht regierte und selbstverständlich über Leben und Tod seiner Untertanen beliebig entscheiden konnte. Von einem Gottesrecht, an das alle, König wie Bauer, in Gleichheit gebunden waren, wussten die Anhänger der Baalim nichts.
In jenen Tagen nun, in denen Augen und Herz des gottgesalbten Ahab nicht nur begehrlich an des Phöniziers Töchterchen, sondern auch am nachbarschaftlichen Weinberg hingen, fand

ihn sein junges Weib, auf dem Bette liegend mit starrem Blick gegen die Wand und fragte: ›Warum bist du so missmutig und isst nicht seit Tagen?‹

Da antwortete der König und Gemahl:

›Es gab Streit mit Naboth wegen des Weinbergs. Ich bot ihm Geld über Wert; ich bot ihm einen anderen Weinberg als Ersatz, und ich gestand ihm, wie wichtig der Ausblick über das liebliche Kison-Tal sei, der meine Sinne entspanne bei der anstrengenden Regierungsarbeit; schließlich wäre schon lange Frieden mit Aram, und wegen des Ausgleichs zwischen den Kulten, den Baalim mit Stier und Blutgeträufel, und Jahwe, dem Bilderlosen aus alten Zeiten, hätte ich eine Sidonierin geheiratet. Du weißt natürlich‹, fügte er schnell hinzu, ›dass der Liebreiz mich in deinen Schoß gebracht hat. Naboth aber lehnte beharrlich ab und sagte: ›Ich gebe dir das Erbe meiner Väter nicht.«

›Was bist du doch für ein bedauernswerter Herrscher!‹, spöttelte die süße sidonische Prinzessin, ›wer hat denn die Macht in Israel, König oder Bauer?‹

›Ach‹, seufzte Ahab, ›mein liebreizendes Isebelchen, du kennst das Gottesrecht nicht, das für jeden Israeliten gilt, sei er Bauer oder König. Dein Vater hat es leichter, denn er herrscht absolut und setzt nach Gutdünken fest, was Recht ist. Ich unterliege in brüderlicher Gleichheit mit jedem Israeliten dem Gottesrecht aus alten Wüstenzeiten.‹

›Nun denn, so sorge dich nicht weiter um Weinberg und Nachbarn‹, ermunterte sie ihren Gemahl, ›iss und sei guter Dinge! Ich werde deinen Gram beenden.‹

In ihrem hübschen Köpfchen war der Plan schon ersonnen: Mit königlichem Brief und Siegel sandte sie die Weisung an die Ältesten von Jesreel, ein Fasten und eine Versammlung einzuberufen mit Naboth im Vorsitz. Dazu bestellte sie zwei Bestochene als Zeugen wider Naboth, er habe gegen Gott und König geflucht. Aufgrund solcher Beschuldigung wurde der Bauer nach Recht und Gesetz zu Tode gesteinigt, und sein Eigentum ging gesetzmäßig an das Königshaus über.

Und so war es dann bei der königlichen Begehung des begehrten und neu erworbenen Weinbergs zu jener oben erwähnten, unangenehmen Begegnung mit dem Gottesmann aus Thisbi gekommen, einem Landstrich, der wegen seiner Wüstenhaftigkeit von den Baalim kaum berührt war. Für Mose war hier östlich des Jordans der 40-jährige Wüstenmarsch zu Ende gewesen, sodass er sich über die kanaanitischen Baalim und Stiere nicht ärgern musste. Elia aber war von Jahwe beauftragt, in das gesegnete und von den Stämmen Israels unterjochte Land zu gehen, um das Botenamt am Königshaus von Jesreel auszuüben mit der Ansage:

›Wo die Hunde das Blut Naboths geleckt haben,
sollen die Hunde auch dein Blut lecken!

Dein Geschlecht wird der Herr, dein Gott, in Israel ausrotten, jedenfalls alles, was männlich ist. Und auch Isebel sollen die Hunde fressen auf dem Felde von Jesreel.

So spricht der Herr:
Du hast mich zum Zorn gereizt.
Du hast Israel zur Sünde verführt.
Du bist den Götzen nachgelaufen.‹

Hier schreitet Elia nicht wie beim ›Regenstreit‹ als grausamer Vollstrecker ein, sondern entsprechend des Prophetenamtes als Bote Gottes, der das Strafgericht ankündigt, wo Unrecht geschehen ist.

Auch wenn Ahab Mord und Raub wegen der Sehnsuchtserfüllung nur zugelassen hat, traf die Anklage sein Gewissen. Jedenfalls beschwerte sich die Gemahlin, die nach phönizischem Königsrecht von keiner Schuld wusste, in der Zeit nach der sonderbaren Weinbergbegegnung bitterlich:
›Schickt es sich für einen Herrscher, das königliche Gewand zu zerreißen und das auch noch im Freien zu tun, wo ein jeder dich sehen kann, nackt und ohne Insignien? Seit Tagen trägst du nur den scheußlichen Trauerlappen am bloßen Leib. Nicht einmal zur Nacht ziehst du dich um und nimmst Rücksicht auf mich und mein Bedürfnis nach Wohlgeruch. Dabei habe ich dich doch gerade von dem Missmut über den frechen Bauern befreit und dir dein heiß begehrtes ›Schau ins Land-Fleckchen‹ beschert. Statt meine sehnsüchtige Haut mit Dankbarkeitsküsschen zu überfluten, läufst du im Büßerhemd herum und siehst mich nicht.‹
Die Gerichtsankündigung aber über Ahab und Isebel, Hunde würden ihr Blut lecken, wurde erst Jahre später eingelöst, nachdem Elia vor der Rache der Königin in den Sinai und in eine Höhle am mosaischen Gottesberg Horeb geflohen und er unter sonderbaren Umständen am Jordanfluss den Blicken seines Schülers und Nachfolgers Elisa für immer entschwunden war, als Zeichen seinen legendären Mantel zurücklassend.«
Rudi Schaumann schloss seine Erzählung mit dem Hinweis ab: »Auch könnte noch von der bestialisch-grauenvollen Umsetzung des Strafgerichts am Königshaus sowie der seltsamen Gottesbegegnung Elias am Horeb berichtet werden, die der früheren des Mose so unähnlich ist; denn Gott erschien nicht im Getöse von Sturmgerüttel und Feuer, sondern es heißt von jener Höhlennacht-Offenbarung:
Es war ›das Flüstern eines leisen Wehens‹.«

»Elia am Horeb«

Während die gebannten Zuhörer diese Form der Gottesoffenbarung noch mit Kopf und Herz aufzunehmen versuchten, brach im gegenwärtigen Tavernensaal Gegenteiliges los, als die Konzertmusiker zu ihrer üblichen Nachtzeit erschienen und das erste »Nisiótika« schon in den Applaus einbrachten, wobei die Laóuto den Rhythmus vorgab und die Lyra, eine Violine aus Maulbeerholz, die Melodie spielte.

»Musikant mit Laute«

So angenehm sich die Bouzouki anhört, klingt sie doch ein wenig fremdartig, wenn auch nicht so orientalisch wie ihr türkisches Gegenstück, die Sas. Mehrere Halbtonschritte werden hintereinander verwendet, es gibt mehr Zwischentöne, und der Improvisation ist viel Raum gelassen, besonders seit Manolis Chiotis der dreiseitigen Bouzouki eine vierte hinzufügte und so die Möglichkeiten des Instrumentes erweiterte. Er hat großen Anteil am Erfolg der Bouzouki-Musik, die seit Mitte der 1950er-Jahre die »Rembétiko-Lieder« zu verdrängen begann.

»Rembétiko« ist eine städtische Musik; sie entstand in den Armenvierteln der Großstädte und wurde von mittellosen Zuwanderern und kleinasiatischen Flüchtlingen nach dem verlorenen Krieg gegen die Türkei 1922 entwickelt, eine Musik der Außenseiter, die mit neuen Stilelementen ihre Verzweiflung und Hoffnungslosigkeit ausdrückte. So lauschte man seit 1924 in Athen vor allem den Klängen der Smyrna-Schule mit ihrem orientalischen Einfluss, wobei eine Sängerin oder ein Sänger von einem kleinen Orchester begleitet wurde. Neben der Geige und dem »Santouri« wurden nun auch Gitarren, Ziehharmonikas und Pianos eingebaut.

Die Musik hat im kulturellen Leben Griechenlands eine lange Tradition. Schon antike Vasen zieren Flöten- und Lautenspieler. Rhéa selbst, die dem Kronos die olympischen Götter gebar, soll die Tanzfiguren gewählt haben, und nahezu jede Region, auch die der Inseln, hat seit langer Zeit überlieferte Musik- und Tanzformen, wobei zwischen beschaulichen »Syrtos«- und ungestümen »Pidíktos«-Tänzen unterschieden wird.

Zur »Nisiótika-Feier« sind zwei Tänze üblich, der »Bálos« und der genannte »Sýrtos«; beide enden im schnellen Rhythmus und einem ›taxími‹ der Lyra, dem Violinensolo. Die Tänzer bilden einen offenen Kreis und legen die Hände auf die Schultern der Nachbarn, wobei dem Vortänzer eine besondere Rolle zukommt, in der er sein Können präsentieren kann.

Und auch wenn sich die eine oder der andere aus unserer trauten »Augerinos«-Runde den Reigentänzen hinzugesellte, kehrte man doch an den Gruppentisch zurück, sobald das Solo der Lyra zu rasant wurde. Schließlich beherrschte nur ein Tänzer in wildem Wirbel die Fläche, von Umstehenden begeistert ermuntert.

Aber es gab Auszeiten der Kapelle, wenn auch nur kurze, in denen ein sonderbarer Akteur vom Tisch neben unserer Gruppe versuchte, die Blicke der Gäste auf sich zu lenken, so dass sich in ihnen eine Mischung aus Abscheu und Amüsement spiegelte und Antoinette schließlich die Frage stellte: »Ist das nicht schamlos, was der Mann da macht?«

»Ein stummes Gebärden- und Mienenspiel«, deutete ihr Gatte zu Recht, gestand aber ein: »Ein wenig irritierend bewegen sich die Gliedmaßen des kleinen, dünnen Albinos schon.«

Eingestreut zwischen »Sýrtos«-Tänzen, die mit sechs Laufschritten noch einfach zu lernen sind, und nebenbühnlich-publikumsnahen Pantomimen waren ein »Kalamatianos«, der älteste griechische Tanz mit zwölf Grundschritten im ungewöhnlichen 7/8-Takt, bei dem die Bewegungen an das ewig wogende Meer erinnern sollen, und ein »Seimbekikos«, der Solotanz für Männer nahezu ohne Vorgaben, mit langsamen Schrittfolgen und Sprüngen, wobei die Arme ausgestreckt sind, der Körper ein wenig nach vorn gebeugt ist und der Tänzer sich leicht kreisend bewegt. Sogar der »Tsamikos« durfte nicht fehlen, ein ehemaliger Kriegstanz, zu dem

Karl Friedrichs dann doch ein Griechenland-Erlebnis vergangener Tage beitragen mochte:
Im Sommer 1974 habe er sich auf Hydra im saronischen Golf befunden, als von einem Tag auf den anderen der Fährverkehr eingestellt worden sei mit der Begründung, es sei nun Krieg.
»Man stelle sich das Inselbild einmal vor«, berichtete er, »die Frauen eilten aufgeregt durch die Gassen und über die halbkreisförmige Hafen-Paralía, um Nahrungsvorräte anzulegen, die alten Männer im Kafeníos disputierten erhitzt, ob nach Konstantinopel zu marschieren sei oder nicht, und die Mütter hoben schluchzend die Arme, zu Recht besorgt um ihre Söhne, denn alle Männer Griechenlands bis zum 49. Lebensjahr sollten eingezogen werden. Kurz gesagt: Die Insel zeigte das Bild, wie es zu einer Generalmobilmachung gehört und im ganzen Land zu sehen war. Der Kriegsruf hieß: ›Konstantinopel gehört uns! Konstantinopel! Konstantinopel!‹
Was war geschehen?
Ungläubig und ratlos vernahm ich: Griechenland hat der Türkei den Krieg erklärt, offiziell, soweit eine Militärjunta als Regierung anzusehen ist, an deren Spitze sich der berüchtigte Geheimdienstchef Dimitrios Ionnidis, ein eifriger Verfechter der Enosis, des Anschlusses Zyperns an Griechenland, gestellt hatte. Als die Obristen Ausschreitungen gegen die türkische Minderheit auf Zypern anordneten, landeten im Juli 1974 türkische Truppen auf der Insel, und Ionnidis machte gegen den NATO Verbündeten mobil.
Die Rekrutierung war für den nächsten Morgen festgesetzt, und ich wurde in der Nacht davor in hydrischer Bergtaverne Zuschauer von Ausdruckstänzen junger Männer, aus Kriegsbegier und -angst gleichermaßen hervorgebracht, wobei

wohl Angst um das junge, noch kaum gelebte Leben überwog.
Stühle und selbst Tische, nur mit dem Mund an den Kanten gehalten, wirbelten sie herum, sodass die Arme frei im Rhythmus schwebten. Das müsse über die Beschaffenheit und Kraft eines jeden natürlichen Gebisses gehen, dachte der Beobachter und nahm so Anteil an dem Ausbruch wirrer und ahnungsschwerer Kriegsempfindungen.
Am nächsten Abend brachte mich ein letztes Zivilschiff in den Piräus, wo gegen Mitternacht das attische Häusermeer in vollkommenem Dunkel lag, sodass ich nur mit großer Mühe das Auto und aus der Stadt hinaus Richtung Patras fand, als einziger ziviler Verkehrsteilnehmer unter unbeleuchteten Militärfahrzeugen und Panzern. Als ich im Morgengrauen den mit Autos und Asphaltschläfern überfüllten Fährhafen von Patras erreichte, hieß die Auskunft, es werde kein Schiff nach Italien mehr auslaufen. Erleichtert darüber, auf der Hinfahrt noch vor der Ankunft im Piräus vollgetankt zu haben, erreichte ich schließlich Igumenitsa und mit der pendelnden Fähre noch am Abend die Insel Korfu, wo sich dann auch problemlos tanken ließ und der Krieg nur ein schlechter Scherz gewesen zu sein schien. Tatsächlich gab die griechische Regierung am nächsten Tag bekannt, man habe sich geirrt und nähme die Kriegserklärung zurück, da man festgestellt habe, dass nicht genug Munition für die Panzer vorhanden sei.«
Der Ausruf eines Mannes vom Nachbartisch, zu dem offenbar der dünne Albino und Figurendarsteller gehörte, war deutlich im Saal vernehmbar:
»Greek people are strong people«, aber weder das Lob noch die Possen seines Narren beeinflussten das gleichmäßige »Komboloí«-Spiel in den Händen der griechischen Männer.

Der sonderbare Mailänder samt Privatnarr und Zweitvilla nahe Mykonos-Stadt, wie unsere »Augerinos«-Gruppe später erfuhr, war offenbar bekannt und geduldet.
Allerdings fand sich bei nächster Orchesterpause Philipp Wolf zum Erstaunen seiner Tischgenossen auf höfliche Anfrage des Italieners bereit, eine Statistenrolle beim Narrenspiel anzunehmen, wohl eingedenk seiner Seemannsstandfestigkeit beim Anblick südchinesischer Meeresungeheuer in Gestalt von gigantischen Bugwellen oder molukkischen Piraten mit Schlitzmessern in nächtlicher Koje.
So stand er dann, die stämmigen, im Verhältnis zum Oberkörper ein wenig kurzen Beine knapp nach außen verkantet, Unerschütterlichkeit verströmend neben dem kleinen, zierlichen Kerlchen, das ihn mit anzüglichen Bewegungen umtänzelte und plötzlich ein Messer, wie der Kapitän es aus Piratenhand kannte, drohend in der Hand hielt. Aber eingedenk des spielerischen Charakters dieser Szene im Gegensatz zum echten molukkischen Piratenmesser an der Kehle, drückten die abfallenden Augenwinkel nur ein furchtlos amüsiertes Lächeln aus. Als dann jedoch der Albino auf Lendenhöhe eine Kastrationspantomime zelebrierte, war in den spöttischen Augen doch auch Skepsis zu lesen, sodass er sich vom besorgten Gattinnenblick und dem Einsatz der Kapelle gern an den Tisch der Freunde zurückrufen ließ.
Im Übrigen ließ das Publikum Herr und Narr gewähren und sich unbekümmert mit zunehmender Begeisterung von dem Nisiótika, der ureigenen Musik der Inseln, samt Irinis beliebter Stimme tiefer in die Nacht tragen, die, noch lange warm, schließlich der morgendlichen Kühlung wich.

Platy Gialos

Der voluminös ausgreifende Sessel in der Bar des »Pátmion«, für gewöhnlich allmorgendlich ausgefüllt von einer großen, dunkelblau-grau gekleideten Gestalt, blieb an diesem Vormittag verständlicherweise unbenutzt und ebenso auch der Platz ihm gegenüber. Erst später zu mittäglich-fortgeschrittener Zeit fanden sich die beiden nordländischen »Pátmion«-Gäste zum landesüblichen Mezedes-Teller mit ein wenig Ouzo und Wasser in einer Taverne ein.

Man wolle ein paar Tage auf Lipsi, dem benachbarten Inselchen, verbringen, die zierlich-süße Berlinerin und er, tat Karl Friedrichs dem Freund kund, denn nach drei Tagen müsse das Riekchen die Piräus-Fähre nehmen, um den gebuchten Rückflug zu bekommen.

»Liebe auf Lipsi«, schmunzelte der Pastor, »auf jeden Fall werden wir am Hafen sein, wenn ihr zum sicherlich kurzweiligen Seeabenteuer aufbrecht, und ich werde mit unseren beiden hübschen Ehepärchen die »Augerinos«-Stellung halten.«

Und so winkten dann an der tief eingeschnittenen Bucht von Skala fünf Urlauber ihrem Auszeitpaar auf auslaufendem Lipsi-Schiffchen nach.

Eine aphroditisch-dionysische Zwischenzeit von zwei Tagen samt drei Nächten war dem griechischen Liebespärchen nicht nur von abendlicher »Augerinos«-Runde, sondern auch von Bremer und Berliner Befindlichkeiten gegeben in sommerlich-heißer ostägäischer Inselabgeschiedenheit.

Lipsi ist klein, kahl und nahezu flach unweit der türkischen Küste den Meereswinden preisgegeben. Als die wellengangfühlige »Anna Express« am Steg anlegte, waren das »Calypso«, das einzige Hotel der Insel mit 28 Betten, und auf sanfter Erhöhung die Kirche des Hl. Johannes zu sehen. Sie überragt eine winzige, enggassige, über langgezogene Stufen erreichbare Chora, deren Kern eine Platia bildet, an der sich die Post und zwei Tavernen befinden.

Das »Calypso« war belegt, und die zwei von Patmos angereisten Besucher wurden auf eines der landeinwärts verstreut liegenden Privathäuser verwiesen, dessen Tür jedoch nach Klopfen und Rufen geschlossen blieb. Erst als ein Ausharren und mehrmaliges Sich-bemerkbar-machen die Ernsthaftigkeit des Anliegens anzeigte, öffnete ein Mann von zierlicher Schmalheit mit dunkel zerfurchtem, ältlichem Gesicht, um sie mit dem griechisch-englischen Wortschatz »ochi« und »full« abzuweisen. Aber das beharrliche Bestehen unseres jungen Paares auf einem Zimmer, sei es auch noch so klein, schien die Besonderheit eben seines Hauses anzudeuten, sodass dann doch ein Räumchen mit französischer Matratze und Bad überm Flur ausdrücklich nur für sie bestimmt wurde.

Am Abend gedachten die Patmos-Flüchtigen in kahler Taverne und stummer Wehmut der gaumenfreudig-prallen »Augerinos«-Töpfe und kehrten bei kaum abflachender Hitze des Tages in das dürftig möblierte und für drei Nächte nur mühsam erstandene Pensionszimmer zurück.

Platy Gialos war angesagt, eine Bucht, deren goldgelber Sand durchsichtig-klares, türkisfarben funkelndes Meer umrahmt und an deren sanften Hängen Ölgärten prangen, durch deren Olivgrün auf der Höhe blendend weiß eine kleine Kapelle schimmert. Auf dem Fußweg über die

flache Inselkuppe, der nicht viel mehr als ein Stündchen in Anspruch nahm, bot ein einsamer Ölbaum dem Pärchen Schatten zu kurzer Rast und Erfrischung. Überhaupt ist die Insel mit nur sechzehn Quadratkilometer Fläche ohne asphaltierte Straße gut geeignet, um sie zu Fuß zu erkunden. Dazu ist die kahle, schroffe Stein- und Felsenwelt mit dreißig verstreuten Kapellen nahezu menschenleer.
Und menschenleer war auch Platy Gialos, Meer und Strand von Ölbäumen dicht umschmiegt, an diesen zwei ausnehmenden Sommertagen des Jahres 1979, bis auf unser Paradiespärchen, das für einige Stunden des Tages die sonnenwarme Meeresbrise unter Schatten spendendem Ölbaum genoss, mehrfach unterbrochen durch ein erfrischendes Bad in diesem wundervollen südostägäischen Meer.
Die weltabgeschiedene, ölbaumbeschirmte Zweisamkeit bot Raum und Muße, sich einander vertraut zu machen, wenn ein schwarzes und ein grau-grünes Augenpaar wohlig entspannt durch oliv-silbernes Sonnenglitzern in endloses Himmelsblau blinzelten.
Da fragte wohl der Eine die Andere:
»Wie lebt es sich so in Berlin?«
Und die Mitte 20-jährige Grundschullehrerin plauderte in die sonnendurchflutete Ölbaumkrone hinein:
»Eine geräumige Altbauwohnung zum Innenhof hinaus teile ich mit einer Mitbewohnerin. In Kreuzberg gelegen, lebt's sich soweit recht hübsch, wie du sehen wirst, wenn du auf deiner Rückreise vorbeischaust. Von der Familie ist mir nur eine Schwester geblieben, und entsprechend innig fühlen wir uns verbunden. Na ja, und da ist die Schule, die mich in die Pflicht nimmt und eine Last mit sich bringt, die nicht nötig wäre, wenn sie sinnvoll strukturiert und organisiert wäre, das heißt: kleine Lerngruppen bis maximal fünfzehn

Schüler in Kursform in allen Fächern der zehn Pflichtschuljahre. Die Kurse in jedem Fach und Jahrgang wären nach Leistung differenziert und so möglichst homogen entsprechend der Fähig- und Fertigkeiten des Schülers im betreffenden Fach. Das Kurssystem müsste dabei so durchlässig sein, dass der Schüler auch innerhalb des Schuljahres entsprechend seiner Befähigung in den leistungsstärkeren oder -schwächeren Kurs wechseln kann. Die betreuende Klassenlehrerfunktion würde ein vom Schüler gewählter Vertrauenslehrer, der Tutor, übernehmen.

Für die Unterrichtsorganisation sollten die Räume den Fachbereichen und Fachlehrern zugeordnet sein, sodass der Schüler zum Fachraum des Lehrers, seinem Arbeitsraum, geht.

Natürlich wären Personal- und Raumbedarf höher als im herkömmlichen System.

Übrigens hat es zu Beginn dieses Jahrzehnts einen Gesamtschulversuch nahe Kassel im Sinne dieser Differenzierungsform gegeben, der aber nach vier Jahren auf ›höheren Beschluss‹ hin wieder abgebrochen wurde.

Soweit zu einer kurz angedachten Konzeption und Schluss damit; wir haben Urlaub, und Berlin ist zum Glück weit weg.«

Karl Friedrichs hatte gebannt zugehört und bemerkte zustimmend:

»Deine skizzierte Schulform erscheint mir als die Selbstverständlichste von der Welt. Aber du hast recht mit dem letzten Satz: Wir sind zum Glück weit weg von deutschen Schul- und auch Bankheimaten, in denen es mir wohnungsmäßig ähnlich ergeht wie dir, indem ich mir im hübschen Ostertorviertel eine weitläufige Altbauetage mit einem Angestellten des ›Weserkurier‹ teile; beruflich jedoch habe ich lobenswerterweise ein ruhiges Büro für mich, um Privatkunden zu betreuen, telefonisch und auch im persönlichen Gespräch. Eine verantwortbare Kreditvergabe ist auszuhandeln ebenso wie ein Depot aufzubauen und zu verwalten. Den verschiedensten Anlagenmöglichkeiten sind dabei die Risikofaktoren zuzuordnen, auch die bankeigener Fonds. Denn jede Anlage ist mit produkttypischen Risiken verbunden, die zu erläutern sind, unabhängig von den gegebenen Erträgen der Bank aus Zinsspannen, Gebühren und Provisionen.

Geld ist ein sensibles Gut, und so fordert sein Umgang auch eine gewisse einfühlende Empfindsamkeit bei der Entscheidungsfindung des Kunden. Ein solcher Dienst setzt die beständige Beschäftigung mit dem Markt und seinen Produkten voraus, seien es Aktien, Obligationen, Optionen auf Grundwerte oder Fonds verschiedenster Zusammensetzung, charttechnisch wie fundamental. Aber dafür habe ich ja die Stille des Büros, die dir ganz offensichtlich als notwendiger Gegenraum zur Frontarbeit mit den Schülern fehlt.«

»An die so unnötig beschwerliche Form des Schuldienstes darf ich gar nicht denken«, brach es aus der Insel-Liebsten heraus, »zumal ich übermorgen schon in eben das Alltagsleben zurückkehren und wohl dankbar sein muss für die relativ gute Vergütung der Arbeit. Meine Schwester kommt dagegen mit dem Verdienst einer Krankenschwester nur schwer über die Runden.«

Das Ende der Inselzeit warf seine Schatten voraus, wenn auch zunächst nur für eine Teilnehmerin unseres »Augerinos«-Kreises, und die Gedanken ihres gewonnenen Insel-Freundes waren unter gleißendem Sonnenspiel auf ein neues Verhältnis geworfen zu einer reizvoll-schwarzäugigen, zierlich-hübschen Lehrerin, die ihre Zwischenzeit vom Alltäglichen beenden wird: »Sind das die schwarzen Augen einer Lieblichen und

Rechten wie die Rahels für den biblischen Jakob am Brunnen von Charran im fernen Mesopotamien, dass er zweimal sieben Jahre diente dem Theraphim [12] – Fan und Schlitzohr Laban, ihrem Vater, um dieser tiefdunklen Augen willen, in die sich sein Herz verloren hatte? Wie viele Verhältnisse hatten sich in vergangener Dekade an Lebensjahren ergeben und wieder verflüchtigt, früher oder später?« Einige drangen aus grubentiefer Verschüttung der Erinnerung herauf, auch schuldbeladen, da ihre Loslösungen nicht schmerzfrei gewesen waren, d. h. in der Regel nicht schmerzfrei für die andere Seite oder für die eigene nur ein wenig schmerzreich und kurz, sodass eine Biernacht in schummeriger Tiefe des »Litfass«, einer der zahlreichen Szenekneipen des »Ostertors«, für die Tröstung herhielt. Sollte ihnen ein weiteres, dem Gutdünken von Zeit und Raum überlassenes Auslaufen von Zweisamkeit hinzugefügt werden? Eine Entscheidung musste in der Paradiesbucht von Platy Gialos nicht fallen. Noch war »Inselzeit«, und man würde sich wiedersehen, wenn er die Liebreizend-Schwarzäugige eine Woche nach ihrer Rückreise besuchen würde.

Aber unter dem Blickwinkel von Lebenszeit und unter dem der bereits verflossenen des wiederum neu Verliebten möchte die Idee eines Familienlebens an dieser Stelle erwähnt sein. Ist sie auch dem 34-Jährigen in den Sinn gekommen angesichts des betörend-tiefgründigen Liebesfunkelns schwarzer Augen und elfenbeinfarbener, zarter Weiblichkeit? Er bräuchte sich nur unter den Kollegen umzusehen, um auf die Lebensmöglichkeit eines familiären Hausstandes zu stoßen und das Bremer »Viertel«, die Kneipenszene des »Ostertors« vom »Schuster« bis zum »Pferdestall« unter der Kategorie »Lebensabschnitt« zu den Akten zu legen.

Aber wie schon erwähnt, auch Platy Gialos ist »Inselzeit« und somit ein wenig aus der Zeit, Urlaub eben und durchaus nicht

ohne Gefahr, wenn wir an die Rückkehr der Ausreißer in den »Augerinos«-Kreis denken, die von vornherein nach drei Tagen festgelegt war, da die Heimreise Friederikes anstand.
Die Überfahrt zurück nach Patmos wurde stürmisch. Die »Anna Express« fiel wegen Sturmwarnung aus, und der Lipsi-Grieche Nicolas, von stattlicher Gestalt und jugendlich-kraftvoller Ausstrahlung, bot dem deutschen Paar, das nun wegen des gebuchten Berlin-Fluges in Zeitnot geriet, die Passage nach Patmos mit eigenem Boot an. Das sei, versicherte er, aus gutem Holz gezimmert, stabil und seetüchtig, kein Plastik-Schiffchen wie die »Anna Express«. Er sei kürzlich nach einigen arbeitsreichen Jahren in Amerika mit Frau und Sohn auf seine Heimatinsel Lipsi zurückgekehrt und habe sich vom drüben Erwirtschafteten Haus und Schiff bauen lassen für ein zukünftiges Inselleben.
Am Nachmittag um 16.00 Uhr legte die »Rena«, benannt nach Nikolas‹ griechisch-reizvoller Gattin, ab und mit ihr oder genauer gesagt, in ihrer engen, verschlossenen Kajüte, sechs tapfere Seefahrer, um erst in abendlicher Dunkelheit mit erleichtertem Aufatmen in die Bucht von Skala, nun bei ruhiger See, einzulaufen, einem Aufatmen auch der »Augerinos«-Freunde an patmischer Hafenmole.
Der Meltemi hatte schon kurz nach dem Auslaufen von Lipsi aufgefrischt, und Nicolas, Bootseigner und Kapitän in eigener Sache, trotzte mit seemännisch gespreizten Beinen und nach vorn über das große Ruderrad gebeugtem Oberkörper der schwerer werdenden See, den Fahrgästen, zu denen noch eine Dame in Schwarz gehörte, unentwegt den Rücken zugewandt. Unterstützt von seinem Sohn und einem Maat, indem er sich von Zeit zu Zeit eine Zigarette anzünden ließ, balancierte er angespannt die Höhen und Tiefen des wild bewegten ägäischen Meeres aus und steuerte dem mäch-

tigen Wellengeschlage und -gerüttel mit kräftigen Armen und Knien gegen. So stand er fest, und wenn die Wasser mit besonderer Wucht auf dem kleinen Schiff aufschlugen, setzte er ihnen, sich kurz zu den Passagieren umwendend, zwei englische Worte nach: »No problem!« Und je nach Problemlage im Meeresgetöse drangen die einzigen Worte wiederholt durch den Kajütenraum: »No problem! No problem!« Mit diesen Tröstungen und einer unnachgiebig-konzentrierten Steuertätigkeit brachte er das Lipsi-Pärchen, das sich seiner Seemannskunst anvertraut hatte, gewissermaßen »problemlos«, wenn auch verspätet, dafür aber mit herzlichem »Goodbye« und »iassóu«, d. h. »lange Gesundheit«, in die Arme der fünf Patmos-Freunde zurück, die besorgt am windgeschützten Anleger von Skala ausgeharrt hatten, um dann sogleich das gewohnte »Augerinos«-Abendmahl, nun wieder vollzählig und umso genussreicher, einzunehmen.

Der Garten von Sikamiâ

Die Sitzordnung der Abendmahlsrunde wich am folgenden Tag von der seit zwei Wochen vertraut gewordenen ab. Antoinette Holzmann nahm nun an der Seite ihres Gatten den Platz Friederikes ein, die am späten Nachmittag auf der großen Piräus-Fähre die »Insel des Johannes Theologos«, den »Augerinos«-Kreis und ein aufkeimendes Liebesverhältnis hinter sich gelassen hatte, letzteres vielleicht auch nur unterbrochen hatte. Eine Nachschau an gegebener Stelle der Geschichte wird eine Nachricht darüber bringen.
Natürlich hatte man ihr nachgewunken, als der hochwandige Schiffskoloss von der niedrigen Hafenmauer Skalas ablegte. Sechs Armpaare hatten sich der Berlinerin und »Augerinos«-Kreis-Zugehörigen nachgestreckt, bis die zierlich-hübsche und frisch Verliebte weit oben an der Bordwand des mächtigen Fährschiffes den Blicken entschwunden war.
Zwei von drei Wochen der »Inselzeit« Karl Friedrichs waren vergangen. Würde die verbleibende noch Bedenkenswertes bringen?
Wir haben oben bewusst den Namen »Insel des Johannes Theologos« gebraucht und wohl auch zu Recht, wenn man an den überwältigenden Eindruck denkt, mit dem die steil und grau in den blauen Himmel ragenden Wehrmauern des gleichnamigen Klosters auf höchster Inselerhebung den Besucher empfängt. Auch steht für die verbleibenden sechs Urlauber die Besichtigung der Klosterfestung sicherlich noch an. Die Freunde Karl Friedrichs und Rudi Schaumann

waren immerhin schon in der wallfahrtsberühmten, mit heiligen Ikonenköpfen behangenen Grotte und beklemmenden Höhlengruft des prophetischen Sehers und Verbannten aus römischen Zeiten gegen Ende des 1. Jhs. n. Chr.

»Doppelgewölbige Kirche des Johannes Theologos«

Aber ein anderes Inselplätzchen, das eine kleine Kapelle seines Namens trägt, übte zunächst die größere Anziehungskraft aus: Sikamiá, eine Grünoase, Geschenk einer reichen Wasserader, an der Hälfte des Weges von Chora nach Gríkou gelegen, noch bevor die Küste in Erscheinung tritt. Strahlend weiß mit Kuppel und Kreuzchen steht inmitten von Palmen, Ölbäumen, Zitrusfrüchten, ostindischen Feigenbäumen und Blumen unerwartet das Kirchlein, dem Johannes Theologos geweiht, einen Aufenthalt wert, zumal wenn Gastfreundschaft ihn versüßt.

Noch ehe die sechs Inselbegeher aus dem Nordlande die liebenswürdige griechische Familie wahrgenommen hatten, hörten sie aus paradiesischem Grün die einladende Begrüßung: »Jássas, kaliméra [13] und elláte [14]!« Es war früh am Mittag, »Mezedes«-Zeit, und die Fremden wurden mit der herzlichen Aufforderung »Kaßíßte, kaßíßte! [15]« in die Tischrunde auf wackligem Gestühl einbezogen. Ein kräftiger, goldgelber Hauswein wurde gereicht und Persönliches ausgetauscht, wobei das Englisch, das die achtjährige Stella schon in der Grundschule lernte, dem Griechischen zu Hilfe kam. Neben dem Mädchen saßen das dreijährige Brüderchen Michális, ihre 26-jährige Mutter Geórgia und deren Eltern Yiánnis und Stella am Tisch. Drei Brüder und der Ehemann Geórgias hielten sich in Athen auf. Die kleine, drahtig-schlanke Gestalt des Familienältesten stach neben der stabilen Statur seiner Gattin besonders hervor. Beide waren schlicht gekleidet und strahlten eine liebevolle Heiterkeit aus, die die Gäste fürsorglich und mitteilsam in den Bann zog. Ihre Tochter Geórgia war auffallend schön. Schwarze Haare und tiefgründig-dunkle Augen vollendeten in Verbindung mit einem elfenbeinfarbenen Teint den Reiz des lieblichen Gesichts, zu dem sich harmonisch eine ansehnlich wohltuende, weibliche Körperform gesellte. Diesen Liebreiz der Physiognomie strahlten auch ihre beiden Kinder aus, die achtjährige, nach der Oma benannte Stella und der dreijährige Micháelis.

Zu gutem, selbst gekeltertem Wein wurden kandierte Früchte, Ziegenkäse, Oliven und schmackhaft-bekömmliches Bauernbrot angeboten. Und natürlich durfte zum Abschluss solch weitherziger Gastlichkeit ein »ellinikós cafés« [16] nicht fehlen.

Als danach der »Augerinos«-Kreis an der Johannes-Kapelle wieder unter sich war, kehrte das Gespräch zu der überraschenden Bewirtung und der Auskunft über die Tradition von Sikamiá zurück, Johannes habe in der Zeit seiner Verbannung hier getauft und geheilt und ein menschenfressendes Untier unschädlich gemacht.

»Die Drachenfabel«, meinte Philipp Wolf, »raubt der Sikamiá-Überlieferung leider ihre Glaubwürdigkeit, wogegen zu taufen und zu heilen doch wohl christlicher Tradition entspricht.«

»Historisch verlässlich ist«, stellte Rudi Schaumann fest, »dass ein christlicher Prophet und Missionar namens Johannes gegen Ende des 1. Jhs. n. Chr. aus Ephesus, dem großen Handels- und Verwaltungszentrum der römischen Provinz Asia, auf die vorgelagerte Insel Patmos verbannt worden ist und hier das Sendschreiben an sieben Christengemeinden in der Asia verfasst hat, um zu mahnen und zu trösten.«

»Was voraussetzt«, ergänzte Heiner Holzmann, »dass er in diesen Gemeinden ein hohes seelsorgerliches Ansehen gehabt haben muss. Aber wieso sprichst du von einem ›Trostbrief‹? Es ist doch eine Apokalypse, die Schau des Endgerichts, die Johannes in Briefform abfasst.«

»Um die Absicht hinter den bildgewaltig-grauenvollen Gesichtern zu verstehen, muss ich kurz die politische Lage erläutern«, antwortete Rudi Schaumann: »Gegen Ende des 1. Jhs. n. Chr. herrschte in Rom der Kaiser Domitian, der den Kult um seine Person bis zum Gotteskult steigerte. Er ließ nahe der Handelsagorá in Ephesus einen Kaisertempel errichten und forderte seine göttliche Verehrung. Kaiserkult und Christuskult stießen zusammen, und es floss Märtyrerblut um des Wortes Gottes willen. Die Bedrängnis der Christen war groß, besonders im Johannes-Kreis, da er sich scharf vom ›Kosmos‹ als Sündenpfuhl absonderte. Herr dieses satanischen Weltreiches sei, so lehrte die Johannes-Schule, der römische Kaiser. Die Weltmacht Rom, die ›Dirne Babylon‹,

die für Götzenopfer und ein Leben in Sünde stehe, werde aber in Kürze dem Reich Christi weichen müssen. Diese Aussage der nahen Parusie Jesu als Weltenherrscher war die Tröstung an die bedrohten Gemeinden: ›Wer überwindet, wird herrschen mit Christus in seinem Reich, das endgültig ist und sehr bald mit Macht kommt.‹ Die dramatische Gestaltung des visionären Endzeitschemas als Geschichtsbild soll den verfolgten Gemeinden helfen, die Notlage zu bewältigen.«
»Überhaupt fällt in den Johannes-Schriften der dualistische Sprachgebrauch auf«, nahm der Heidelberger Philosoph das Wort, »die Scheidung zwischen dem ›Reich der Finsternis‹ und dem ›Reich Gottes‹. Aus dieser gespaltenen Sichtweise erwächst die Paränese, die strenge Mahnung an die Zugehörigen seines Kreises, den Anfechtungen der ›Welt‹ zu widerstehen. Die ethische Forderung, sich von der ›Welt‹ als dem ›Reich des Bösen‹ abzusondern und im ›Geist der Wahrheit und brüderlichen Liebe‹ zu leben, ist radikal. Das Leben der aus Gott neu Gezeugten, der Wiedergeborenen, wird bestimmt vom Christus-Bekenntnis an die ›Welt‹. Die ›Liebe zur Welt‹, Sinnlichkeit und Genuss werden als Libertinismus und Ausschweifung verworfen, wobei wohl an hellenistische Mahlgemeinschaften zu denken ist, denen eine sittliche Freizügigkeit eigen war.«
»Du greifst die dualistische Lehre der Johannes-Schule von vor zweitausend Jahren freizügig auf«, wandte Karl Friedrichs ein, »aber birgt sie nicht einen Konflikt für Antoinette und dich? Antoinettes Vater ist mit Eifer ein Prediger pfingstlerischer Erweckung, und sie selbst geht in die Gemeinde, in der die Johannes-Schriften wie alle anderen Bibeltexte als ›verbal inspiriert‹ absolut verbindlich sind. Fordert da das freikirchlich-bibelzentrierte Gemeindeleben nicht auch von euch ein, sich hier und da gesellschaftlich auszugrenzen?«

»Nun«, erwiderte Heiner Holzmann, »von dem Libertinismus und offenherzigen Sinnenleben hellenistischer Gesellschaften als ›Leben in Sünde‹, gegen das sich der Johannes-Kreis absonderte, haben sich die modernen, christlich-zivilisierten Lebensformen westlich-fortschrittlicher Industriegesellschaften weit entfernt. Das Lebensprinzip ›Leistung und Erfolg‹ hat das des sinnenfreudigen Genusses weitgehend verdrängt. Und, offen gesagt, steht uns auch nicht der Sinn nach kybelischen Ausschweifungen; der Sinnenreiz in ehelicher Gemeinsamkeit ist uns Lust genug.«
Antoinette griff die Apologese ihres Gatten und herzlich geliebten Heiners auf:
»Neben der Ehe gibt mir die Gemeinde zusätzlich Geborgenheit, die über das irdische Dasein hinausweist, das nun einmal natur- und gottgegeben in Zeit und Raum begrenzt ist. In der Glaubensgemeinschaft Jesu werden Hoffnung und Gewissheit gestützt, dass das persönliche Leben mit dem Sterben nicht beendet ist. In dem Sinne gibt mir das ecclesianische Gemeindeleben Trost; denn wenn der ›Mensch Jesus‹ nach seinem Tod am römischen Kreuz ein fortdauerndes Leben in Gott hatte und hat, wie betroffene Zeugen aus der Zeit glaubwürdig berichten, dann kann Gott mir ebenso weiteres Leben geben, soweit er Geist ist und auch ich als Mensch und Person neben Körper und Seele ›Geist‹ habe.«
»In der Tat«, ergänzte der Theologe Rudi Schaumann, »gibt der Evangelist Johannes die Definition: ›Gott ist Geist und Wahrheit‹; wer mit ihm redet, muss es also im ›Geist der Wahrheit‹, sozusagen als ehrliche Seele tun.«
»Und das wiederum«, meinte der Philosoph, »ist losgelöst von jeglicher Form von Zusammenkunft. Andererseits ist die Glaubensgeborgenheit, die Antoinette aus der Gemeindeversammlung in unser Leben einbringt, auch mir eine lieb

gewordene Stütze, indem ich mich gewissermaßen an ihre Glaubenszuversicht anlehne.«
Nachdem der kleine Kreis an dem Johanneskapellchen von Sikamiá eine schweigsame Weile von diesem intimen Eheleben-Geständnis und -Bekenntnis gerührt war, nahm der Ehe-Geborgene wieder das Wort:
»Ich danke Gott für die eheliche Harmonie, für Wohlbefinden und sinnliche Lebensfreude, die uns mit dem Liebreiz ehelicher Zweisamkeit geschenkt sind, trotz unterschiedlicher Gottesbeschäftigung, denn Beispielgeschichten zeigen, dass abweichende Einstellungen in der Glaubensfrage Konflikte und Krisen in Familien auslösen können. So stürzte in einem Fall ein freikirchlich-missionarisch wirkender Vater in eine erschütternde Besorgnis um das Seelenheil seines Sohnes, als dieser nach zehnjährigem, gemeinsamem, christlichen Bekennerleben mit der Liebe zu einer Freundin auch die ›Liebe zur Welt‹ neu entdeckte. Zermürbende Dispute prägen seitdem das Verhältnis zwischen Vater und Sohn nach eben der unversöhnlich dualistischen Maßgabe johanneischer Paränese: Wer die Welt lieb hat, hat keine Liebe zu Gott. Nur wer überwindet, wiederholt der patmische Seher in den Sendschreiben an die Gemeinden mehrfach, erlangt ewiges Leben. Und so war der Sohn für den Vater aus der Gottes- in die Teufelskindschaft gefallen.«
Nach einer Weile betroffenen Schweigens war die leise Frage Karl Friedrichs vernehmbar, die er in die Stille hinein mehr an sich selbst zu richten schien:
»Begeht der Mensch ein Sakrileg, wenn er nach christlicher Wiedertaufe aus freikirchlichem Gemeindeleben ausschert? Gibt es nach biblischer Vorgabe eine von Gott nicht vergebbare Schuld, wie sie der Vater und Christus-Missionar annimmt?«

Rudi Schaumann antwortete:
»Die Bekehrungstaufe setzt eine fundamentale Lebenswende, mit der ein Glaubensleben in der Glaubensgemeinschaft beginnt, die sich von der ›ungläubigen Welt‹ abgrenzt. Der geistgeborene, neue Mensch bekennt vor der Welt seine Befreiung von Schuld und damit das Heil, das Gott ihm durch das stellvertretende Sühneopfer Jesu geschenkt hat. Die Johannes-Schule trennt so zwischen der ›geheiligten Gemeinde‹, der ecclesía und der ›sündigen Welt‹, zwischen einem Leben des gewandelten, neuen Menschen und des alten nach weltlichem Maß. In dem Sinne kann man die Theologie des Presbyters, wie Johannes sich bezeichnet, als weltflüchtig und elitär ansehen.
Auch der 1. Petrusbrief mahnt: ›… wer am Fleische gelitten hat, der ist zur Ruhe gekommen von der Sünde …‹.
Der 2. Petrusbrief stellt gar einen derben Vergleich an mit dem Sprichwort:
›Ein Schwein, das sich gebadet hat,
geht wieder in den Mistpfuhl‹
und behauptet in harter Form: Wer Christus erkannt hat und wieder nach eigener Lust lebt, kehrt in die ›Welt der Sünde‹ zurück, geprägt durch Hab- und Gewinnsucht, Ausschweifungen und Maßlosigkeit.
Erbarmungslos kommen die Mahnungen im Hebräerbrief daher, geeignet ein schriftgläubiges Herz wie das des Vaters in Heiners Beispielgeschichte in hilfloseste Erschütterung zu bringen: ›Wer an der himmlischen Gabe des heiligen Geistes teil hatte und abgefallen ist, kann kein zweites Mal Buße tun, denn er würde den Sohn Gottes damit noch einmal kreuzigen‹. Oder:
›Für eine vorsätzliche Sünde nach Erkenntnis der Wahrheit bleibt kein Opfer mehr übrig, sondern nur die schreckliche

Erwartung des Gerichts, in dem eiferndes Feuer den Widerspenstigen verzehrt.‹
Schließlich treibt der Hebräer die Paränese auf die Spitze:
›Wer gegen den Geist Gottes frevelt, für den ist es schrecklich, in die Hände des lebendigen Gottes zu fallen.‹
Diese Schrift schließt, obwohl sie Teil des kirchlichen Kanons ist, eine zweite Buße aus.«
Darauf sagte Karl Friedrichs mitfühlend:
»Ich möchte gegen diese neutestamentliche Mahnpredigt mehr Demut vor Gott einfordern; wer kann sich anmaßen, Gott festzulegen?!«
»Auch mir gefällt der drohende Ton nicht«, gestand Antoinette Holzmann, »zumal die echten paulinischen Briefe keine sektiererische Absonderung vom gesellschaftlichen Leben angeben. Aber ich danke Gott, dass ich nicht mehr nach irdischem Tand, nach Rechthaberei, Ansehen oder Macht strebe, sondern in Demut auf todübergreifendes Leben im Geist oder in Gott hoffen darf, auf einen ›geistigen Leib‹, wie Paulus das Unaussprechbare zu fassen versucht, oder, wie ich es umschreiben würde, auf ein Leben entsprechend der Neigung der liebenden Seele.
Wäre es nicht töricht, ein solches Angebot über den Tod hinaus auszuschlagen?
Was ansonsten die ›Last mit der Lust‹ oder die ›Lust an der Lust‹ betrifft, bin ich mit Heiner und Paulus einig: ›Keiner entziehe sich in der Ehegemeinschaft der Lust des anderen‹, die sich mit erfülltem Geistesleben paart im Gegensatz zur Leere des ›Kosmos‹, wenn er als Selbstzweck gesehen wird.«
»Es ist gut und richtig«, ergänzte der Theologe, »dass du von echten Paulus-Briefen sprichst, denn die Verfasser von Hebräer, den beiden Petrus-Briefen und auch den Johannes-Schriften sind unbekannt.«

Am späten Nachmittag dieses Tages hatte unruhiges Nachsinnen über das Sikamiá-Gespräch Karl Friedrichs und Rudi Schaumann aus der Zurückgezogenheit ihrer Zimmer in die »Pátmion«-Bar getrieben, wo sie einander in angestammter Polsterung gegenübersaßen. Ein Thema rumorte ihnen in Kopf und Herz: die Ehe, wie sie sich so offensichtlich erstrebenswert am Beispiel des Heidelberger Paares dargestellt hatte, in die sie sich aber offenbar nicht finden konnten, wenn auch aus unterschiedlichen Gründen: Der eine hielt es für ein maßgebliches Lebenselixier, offen für neues Verliebtsein zu bleiben, und der andere bestand auf ausreichender räumlicher Trennung zwischen Pfarrwohnung und Hausstand der ausschließlich zugeneigten Partnerin, in den er gern, aber zeitlich begrenzt, wechselte.
»Welch ein Bild des Ehe- und Liebesglücks wurde uns im Garten von Sikamiá vor Augen gestellt!«, seufzte der 34-jährige Bankkaufmann.
Und der Freund und Pastor ergänzte:
»Schon der jahwistische Erzähler aus Salomos Zeiten spricht in der Paradiesgeschichte zwei Vorzüge enger ausschließlicher Partnerschaft zwischen Mann und Frau gewichtig aus: Beistand und fleischliches Zueinandergehören der Geschlechter. Aber wer weiß«, bedachte er neugierig, »wie es sich ausnimmt für uns und für die ›Augerinos‹-Pärchen, wenn wir einst nach einem Zeitsprung von zwanzig Jahren zurückblenden?!«
Natürlich könnten wir als allwissender Erzähler und sein Leser eine Vorschau wagen, aber die Urlaubs-Inselzeit unseres Helden ist noch nicht um und der Besuch des gewaltigen Wehrklosters, benannt nach dem urchristlichen Missionar und Endzeitseher, noch ausgespart.

Die Mönchsrede

Unangeschaut sollte die patmische Mönchsfestung über Chora und Skala auch bleiben, jedenfalls von innen, bis das Ehepaar Wolf hinter die Zinnen der geistlichen Trutzburg vordrang und zu abendlicher »Augerinos«-Stunde eine Mönchsrede einbrachte über Angst und Verheißung, Leidenschaft und Ruhe und die Aufhebung von Zeit.

»Knorrige Feigenbäume«

Es war der vorletzte Urlaubs-Inseltag Karl Friedrichs, den er mit dem Heidelberger Paar und Rudi Schaumann im Inselnorden verbracht hatte. Mit dem Bus war die kleine Gruppe bis Kámbos gefahren, der fruchtbarsten Fläche der Insel, wo das Weiß der Häuser und Kapellen das Grün der Gärten und Weinberge unterbricht, bis zum Meer hin, dem sich ein breiter, goldener und sanft geneigter Sandstrand anschmiegt. Zu Fuß war man an der Christos-Kapelle und Koumaró, einem spärlichen Wald von Steinbeersträuchern, vorbeigegangen und zur Bucht von Lámpi hinunter gestiegen, die von sanften Hügelhängen mit reicher Vegetation umrahmt wird. Zu ihren Füßen breiten sich fruchtbare Gemüsegärten aus, und ein buntes, formenreiches Mosaik von Kieseln schillert über die Länge des Strandes.

»Mich hat auf unserer kleinen Wanderung durch den Norden der Insel eine Reihe alter Feigenbäume mit ihren knorrigen Stämmen und Ästen und weit ausgreifenden Kronen beeindruckt, denn ich halte die Feige für die köstlichste aller Früchte, besonders die Blaue, reif und frisch genossen«, gestand die schöne Antoinette in der Abendmahlsrunde und ergänzte leise: »Kein Feigenbaum sollte verdorren ...«
»Du hast wohl die kleine Perikope im Sinn, in der Jesus bei Bethanien einen Feigenbaum verfluchte, weil er zu der Zeit keine Frucht trug«, griff Rudi Schaumann das verhaltene Schlusswort auf.

Sie nickte und sagte kaum vernehmbar:
»Es macht mich traurig, dass Jesus eine solche Untat begangen haben soll, auch wenn er die Macht und Bedeutung des Glaubens demonstrieren wollte.«
Der lutherische Pastor versuchte zu trösten:

»Es muss auch nicht unbedingt so gewesen sein. Immerhin datieren Markus und Matthäus die Begebenheit unterschiedlich. Der eine erwähnt sie vor und der andere nach der Tempelreinigung, und Lukas weiß nichts davon oder hält sie nicht für glaubwürdig, sodass er sie auslässt.«

»Wie gestaltet sich aber nun das klösterliche Innenleben dort oben über Chora?«, wandte sich Heiner Holzmann an die Klosterbesucher, den Berichtsort wechselnd, nicht aber den Sachverhalt der Gottesbeschäftigung.

»Ein Mönch hat sich unser angenommen«, antwortete die junge Thailänderin, »und seine Worte in verständlichem Englisch haben mich an die heimatlich-buddhistische Lehre von der Überwindung des Begehrens und somit des Leidens gemahnt, um zur Ruhe zu kommen.«

»Die Ruhe als erstrebenswerte Daseinsform drängte sich tatsächlich in seinen Auslassungen vor«, griff Philipp Wolf die Einleitung seiner Gattin auf, »und ich will versuchen, die Gedanken und Ein- und Ansichten dieses wundersamen Mannes wiederzugeben, nachdem ich die greifbaren Dinge im Klosterinneren beschrieben habe:

Zunächst waren wir durch einen wehrhaften Einschlupf mit Pechnase in das tausendjährige Klostergemäuer eingetreten. Der lichte Hof schimmerte grausilbern, wirkte aber gedrungen und ohne Regel, als wäre in den vielen Jahren mehrfach angebaut worden. Unter Säulen blickten wir durch den Eingang in die Kirche hinein, einen kleinen, zellenähnlichen Raum unter dem Kuppelrund, byzantinisch dem Klerus zugedacht. Er verströmte dunkel-purpurnen Glanz, in dem vergoldetes Schnitzwerk und bemalte Flächen durch alten Kerzenrauch und Gewölke von Weihrauch matt schimmerten.

Ein Mönch trat heraus und hieß uns willkommen. Er schien etwa Mitte sechzig und leidend zu sein. Und ehe wir die weise Rede aus betrachtendem Abstand, die Sunan ansprach, hörten, führte er uns zu den irdisch-sichtbaren Dingen, Klosterschätzen, aufbewahrt in Kammern nahe der Sakristei, deren Eingang eine große Ikone der Offenbarung, eine Schenkung des Bischofs Nikoforos von Laodikäa aus dem Jahre 1625, verdeckte.

Was war da zusammengekommen in einem Jahrtausend! Messgewänder und Brustkreuze, Bischofsstäbe, Kirchenleuchter, Weihrauchspender und schöne Mitren, Filigran mit Perlen, Smaragden und Saphiren besetzt, schwere goldene Kreuze, türkisgeschmückt, und gestickte Stolen aus uralter Seide. Reliquien, die wertvollen Kleinodien der Klöster, greifbare Zeugnisse des Lebens, des Todes und der Wunder der Heiligen und Märtyrer der Orthodoxie, werden in kostbaren Schreinen behütet, versehen mit den Darstellungen entsprechender Heiliger, die mit Inschriften, eingravierten Ornamenten, auch mit Filigran, Perlen und Edelsteinen verziert sind. Über sechzig dieser Beglücker menschlichen Lebens erlangte das Kloster im Laufe der Jahrhunderte.

Die vielfältigen Ikonen, auch aus Mosaiken gefertigt, beladene Ikonostasen, Wandmalereien und Fresken aus der Hauptkirche, den Kapellen und dem Refektorium lassen sich nur schwerlich aufzählen.

Die bedeutende Bibliothek, gegründet zeitgleich mit dem Kloster Ende des 12. Jhs. von Ossios Christódoulos, umfasst etwa tausend Handschriften und mehr als dreitausend gedruckte Bücher, von denen elf aus der Zeit vor 1500 n. Chr. erhalten sind. Text und Exegese der Heiligen Schrift und Werke des Aristoteles stammen aus dem 16. Jh. Zeitlich danach kommen die Kirchenväter, Philosophen, Rhetoren, Dichter und Historiker hinzu: Platon und Demosthenes,

Homer und Euripides, Thukydides und Plutarch. ›Heiltrank der Seele‹ steht über dem Eingang.
Die herausragende Fürsorge gilt jedoch den Kodizes, um die sich schon der Klostergründer Christódoulos gesorgt hat. Seine Anweisung, von unserem Führer zitiert, habe ich kurz notiert:
›Wenn aber einer in der Kalligrafie geübt ist ..., dann soll er auf Befehl des Abtes arbeiten in seinem Spezialgebiet ... das Kloster wird seinerseits das Material liefern, während ihm das Werk nach der Vollendung übergeben wird.‹
›Und so haben wir es gehalten‹, ergänzte der Mönch das Vermächtnis des heiligen Christódoulos vom ›wüsten und öden‹ Patmos alter Zeiten. ›Wir haben alte Kodizes gesammelt oder abgeschrieben und illuminiert und zusammen mit der Bewahrung geistlicher und künstlerischer Schätze das Kloster des Johannes Theologos, des ›presbýteros‹, zu einem der reichsten der Orthodoxie werden lassen.‹
Bei der Betrachtung der Miniatur ›Johannes diktiert dem Prochoros‹ aus dem Kodex 81 wandte sich die Mönchsrede von den greifbaren Schätzen den geistigen zu, der Apokalypse, dem Dokument der großen Weltenangst, dem Bild einer Weltuntergangsdichtung aus Erdbeben und Himmelsfeuer, der schrecklichen Kelter des Zornes Gottes.

›Die Angst ist geblieben bis heute im Unfrieden, in der Ruhelosigkeit und dem Leid‹, sagte er, ›die Angst, die Johannes ins Groteske verzerrt als geflügeltes Tier mit sieben Häuptern, Hörnern und Kronen, die Angst, der er aber auch eine göttliche Gegenwelt entgegensetzt, die zukünftige Verheißung ewigen Heils‹«
»... begründet im Ostergeschehen und der ›Zwei-Leiber-Theologie‹«, warf Rudi Schaumann ein und verwies auf vor-

herige Ausführungen der schönen Antoinette, in denen sie das Denken eines ›geistigen Lebens‹ nach dem Tod als Kern der Glaubenslehre angeregt hatte.

Sodann nahm der Kapitän zur See den Faden der Mönchsrede wieder auf, die die Gottesverheißung als Gegenbild zu Chaos und Angst in dem glaubensgeschichtlichen Rahmen eines Jahrtausends zu fassen versuchte:

»Unser Klosterbegleiter spannte den theologischen Bogen von den ältesten alttestamentlichen Erzählquellen zwischen 900 und 700 v. Chr. bis zu den Johannes-Schriften am Ende des 1. Jhs. n. Chr. und setzte seine Rede etwa so fort:

›Natürlich war es immer der hebräische Gott, zuerst namentlich ›El‹ oder ›Jahwe‹ und nahezu eintausend Jahre später die Anrede ›Himmelsvater‹ aus dem Munde Jesu, wie wir, seine Glaubensnachfahren, sie bis heute im Gebet verwenden. Und mit dem Namen hat sich auch die Verheißung gewandelt.

So wurde Abram, dem irdischen Urvater der Gottgläubigen, dem unsteten Zeltbewohner und Wüstenrandwanderer, von seinem personalen und einzigen Gott im Geist, ›El‹ in ältester semitischer Benennung, und als oberster Gott allen Gottheiten überlegen, Lebensraum, Land in Erbbesitz verheißen, bevölkert von großer Nachkommenschar, wovon für ihn eine Totengruft auf gekauftem Acker blieb. Auch für Sohn und Sohnessöhne war der Lebensendpunkt gesetzt mit der Formel: ›Sie gingen ein zu den Vätern‹, wobei die Verheißung von Land und Volk weiter bestand, bis sie sich erfüllte durch den ›Herrn der Heerscharen‹, genannt ›Jahwe‹ und den Gottesmann Mose nebst seinem strategisch und logistisch begabten Feldherren Josua und später durch den großen Krieger und König David.

Als dann in den folgenden Jahrhunderten beide, Land und Volk, mehr und mehr bedroht waren, kam in frühjüdischer

Apokalyptik eine neue Verheißung auf, nach der ein eschatologischer Retter erscheint, der Messias oder Christos, der das neue Weltenreich vom Zion aus regiert in Macht und Herrlichkeit. Besonders inbrünstig wurde sein Auftritt in der Jesuszeit unter der Knute Roms erwartet und der Titel ›Christos‹ an Jesus herangetragen. In eindeutig scharfer Form aber hat Jesus das Ansinnen einer messianischen oder – griechisch gesprochen – einer ›christianischen‹ Herrschaft von Jerusalem aus als teuflisch gebrandmarkt. Als Sprachrohr Gottes stellt seine kurze irdische Sendung eine vollkommen andere Verheißung vor, wie sie sich im Evangelium unseres Johannes Theologos, dem bevorzugten Schüler Jesu nach Dafürhalten der ›alten Kirche‹, widerspiegelt: Statt der ›Vätergruft‹ seit Abram verheißt das Osterereignis ewiges Leben in Gott, das ist im Geist der Wahrhaftigkeit, einer gerechten Gesinnung und einfühlenden Empfindsamkeit, dem Begriff ›Liebe‹ anverwandt.‹

Er hat bewusst von ›Glaubensnachfahren‹ Jesu gesprochen«, betonte Philipp Wolf, »nicht von ›Christen‹ und hat die hebräische Bedeutung der Ehrenbezeichnung ›Christos‹ angemahnt:

›Der lateinische Titel ›Christus‹‹, erläuterte der sonderbare Mönch, ›beinhaltet als Übersetzung der hebräischen Ehrenbenennung ›Messias‹ den endzeitlichen Weltenherrscher von Zion aus, dem himmlischen Jerusalem, eine politische Rettergestalt in Macht und Herrlichkeit, verstärkt verheißen in jüdischer Apokalyptik des vorchristlichen Jahrhunderts und in Israel zur Jesuszeit mit Eifer erwartet.

Das sei nun eine erschütternde Analyse, wenn man bedenke, dass der Würdetitel ›Christus‹ in der kirchlichen Tradition seit zweitausend Jahren in der Zusammensetzung

›Jesus Christus‹ sogar als Name verwendet werde, kommentierte der ältlich-kränkelnde Klosterinsasse die eigene Rede und setzte sein ehrliches Bekenntnis aus vernünftiger Analyse der Quellenlage fort:
›So nenne ich mich wahrheitsgemäß nicht ›Christ‹, sondern ›Kind Gottes‹ oder ›Kind des Geistes‹, das glaubt, dass Jesus aus dem galiläischen Nazaret vor zweitausend Jahren ein für alle Mal das Wesen Gottes veranschaulicht hat, als ›Gott-Mensch‹ qualvoll und bewusst am römischen Kreuz gestorben und zu einem ›Geist-Wesen‹ verwandelt, Zeugen erkennbar erschienen ist, damit der Mensch in seinem Todesbewusstsein getröstet ist‹.«
Der Kapitän zur See und Klosterbesucher machte, erschöpft von dem Versuch, die Mönchsrede so getreu wie möglich zu zitieren, eine Pause, und als es in der »Augerinos«-Runde still blieb, setzte er hinzu, wie es auch sein Vorredner, ebenfalls ermattet, getan hatte:
»Freilich bleibt die Botschaft eine des Glaubens.«
Und nachdem seine Zuhörer mit innerem Seufzen zugestimmt hatten, fuhr er fort:
»Als habe unser klösterlicher Lehrer gesondert mir, dem welt- und lustoffenen Bummler noch etwas mitzuteilen, sprach er, nach der Verausgabung im Ton gedämpft, von der Leidenschaft, dem freundlichen Wahn und Abgott im Streben nach Besitz, Gewinn und Erfolg, untrennbar verbunden mit Enttäuschung, Verzagen und verlorenem Trost. Er dagegen auf seiner Inselhöhe wünsche nicht mehr die Pendelschläge von Glück und Unglück. Was mit dem Irdischen verknüpft ist, sei vermeidenswert; schon der einfache Gelderwerb bringe die Seele in Unruhe. Er aber wolle, so der ehrwürdige Mann, Gleichmaß und Ruhe und Verzicht, nichts, was den Anspruch ans Leben mehre;

schon der Bauer, der seinen Weinberg pflege, sei darüber hinaus.
Auf die Ruhe der Seele komme es an. Jenseits vom Spiel mit Gewinn und Verlust verströme die Zeit in wohligem Gleichmaß, weltüberhoben tagträumend über der Ruhe des Grabes.«

Es mag nicht verwundern, dass gerade diese patmischen Mönchsworte vom Wechselspiel des Lebens den sinnenfreudigen Bankkaufmann und Helden unserer Geschichte in der Seele berührten und dass sie sogar auf seine künftige Bildung ausstrahlten, denn wir treffen ihn nach zwei Jahrzehnten gewandelt auf diesem ostägäischen Fleckchen Erde wieder.
Vorerst versuchte Philipp Wolf noch, die Rede des sinnenden Mannes aus klösterlichem Berggemäuer in vollkommenster Ausschöpfung wiederzugeben und zu Ende zu bringen:
»Nach dem Betrachten der Lebensweisen in der Leidenschaft oder in der Ruhe des Verzichts und ebenmäßigen Zerfließens der Zeit kehrte unser Klosterlehrer abschließend zur Auslegung des ›alten Johannes‹, des ›presbýteros‹ zurück:
Eine neue Verheißung habe uns armen Abramskindern der ›Alte‹ gelehrt, die des Lebens über den Tod hinaus, aus grundlegend anderem Geist als des Abrams Verheißung vom Land und großem Volk, von der für ihn am Ende nur das Grab in gekaufter Hethiter-Höhle bei Mamre geblieben sei. Aber selbst um solcher Verheißung willen habe er ›Gott geglaubt‹. Nun aber kenne die Überlieferung eine neue gute Nachricht vom Leben im Geist oder in Gott über irdisches Sterben hinaus, um die Menschenseele zu trösten. Anschau-

licher als in der Jesus-Tradition habe sie nicht angezeigt werden können. Sei es nicht töricht, ohne sorgfältige Gottesbeschäftigung die Verheißung geistigen Lebens auszuschlagen? Wohl habe der Mensch ein schmerzliches Todesbewusstsein, aber auch Verstand, der über den Tod hinaus zu denken vermöge, auch wenn Stoffloses schwierig zu benennen sei. Immerhin könne uns Erdenkindern der Traum zu Hilfe kommen. Eine Vorsorge für nachirdisches Leben könne die Gottes- und Geistesbeschäftigung allemal sein‹.«
Nachdem Philipp Wolf mit diesem wohlgemeinten Rat die Mönchsrede erschöpfend zu einem Schluss gebracht hatte, blickte der Theologe der oldenburgischen Landeskirche für einen notwendigen Kommentar, wie er meinte, in die Anfänge der Kirchengeschichte zurück:

»Der Hoheitstitel ›Christus‹«, stellte er heraus, »ist nicht erst von der institutionalisierten Kirche als Eigenname gebraucht worden, sondern schon vom ersten Schriftzeugen des aus dem Tode erweckten Nazareners Jesus. So lesen wir die Namenszusammensetzung ›Jesus Christus‹ in den Paulus-Briefen, und in den Glaubensgemeinden Antiochiens, kaum zehn Jahre nach Golgatha, sind die Anhänger Jesu ›Christiani‹ genannt worden. Spätere Gemeinden haben die Bezeichnung schlicht übernommen, ebenso wie die eschatologische Note, die Naherwartung des aus den Himmeln zurückkehrenden endzeitlichen ›Christus‹. Das zeigt die aufgeregte Sorge der frühen Thessalonicher Paulus-Gemeinde um gestorbene Mitglieder, bevor der nochmals und endgültig wiedergekehrte Retter ›Christus‹ sie in sein Reich hatte aufnehmen können. Paulus muss also die nahe Wiederkunft des Weltenherrschers ›Christus‹ gepredigt haben und hatte dann in seinem Brief an die Thessalonicher alle Mühe zu erklären, dass die gestorbenen Gemeindemitglieder von dem bald wiedererscheinenden ›Christus‹ noch vor den lebenden Gläubigen in sein Reich aufgenommen würden. Wir sehen, wie stark die frühjüdisch-apokalyptische ›Christus-Erwartung‹ noch in den ersten Gemeinden verwurzelt war und sich erst mit dem Verstreichen der Zeit zugunsten der maßgeblichen Lehrsätze von Sühnetod und Auferstehung verlor.«

»Also bleibt nach abendländischer Lehrtradition der Glaubensgrundsatz«, vergewisserte sich der gewissenhafte Seemann, »dass die Schuld des Menschen durch den Kreuzestod des ›Gottwesens‹ Jesus oder des Stellvertreters Gottes einmalig getilgt ist, so der Mensch die Gottestat gläubig für sich annimmt, und dass infolge die reine Seele zeitloses Leben in Gott bzw. im Geist hat.«

»So ließe sich die neue Verheißung, erwachsen aus der alten der Hebräer, auf den Punkt bringen«, unterstrich Rudi Schaumann die seemännische Zusammenfassung und setzte somit den Abschluss der erschöpfenden klösterlichen Berichterstattung.

Auf dem nächtlichen Weg der beiden norddeutschen Freunde ins »Pátmion«-Hotel kam der Theologe doch noch einmal auf eine bestimmte Auslassung des Mönches zurück und meinte:

»Die Predigt über Leidenschaft und Verzicht hätte der ältlich-kränkelnde Mann dort oben wohl auch dir halten können.«

Dem mochte Karl Friedrichs, sich seiner Seele mit ausgeprägter Neigung zu neuem Verliebtsein bewusst, innerlich nur zustimmen.

Der Besuch

Als die beiden bremisch-oldenburgischen »Pátmion«-Gäste am Morgen darauf in der Hotel-Bar am gewohnten café skéto [18] nippten, berührte Karl Friedrichs noch einmal die theologisch-philosophischen Auslassungen des Vorabends und fragte den Fachmann:
»Nimmt die Glaubwürdigkeit biblischer Überlieferung nicht insgesamt Schaden, wenn das apokalyptische Motiv einschließlich des ›Christus-Titels‹, das von Paulus bis Johannes das Neue Testament durchzieht, mit solch kritischer Skepsis betrachtet wird?«
»Unterschiedliche Traditionen«, antwortete der Theologe, »wollen mit angemessener historischer Sorgfalt angesehen werden. Das jüdisch-apokalyptische Gedankengut reibt sich offensichtlich an der Jesus-Überlieferung, nach der das Heil aller Menschen im Leben, Sterben und Auferstehen Jesu ein für alle Mal in die Welt gebracht ist, so wie es der Evangelist Johannes in den kräftigen Metaphern vom ›Brot des Lebens‹ und dem ›wahren Weinstock‹ ausdrückt. Nichts ist unvollendet geblieben, sodass eine irdische Wiederkunft Jesu als sogenannter endzeitlicher Retter nötig wäre. Die Mission des leidenden Gottesknechts ›für die vielen‹ im Sinne Jesajas ist vollbracht.
Der Sinn der eschatologischen Rede liegt begrenzt in dem Trost der Gemeinde in ihrer zeitgeschichtlichen Bedrängnis von Not und Verfolgung. Die maßgebliche Nachricht vom Sühnetod Jesu und der personalen Lebensverheißung

in Gott, d. h. im Geist, über den irdischen Tod hinaus, wird nicht geschmälert.«

»Aber beinhaltet diese historische Filterung nicht auch eine willkürliche Auswahl entsprechend des Horizonts eigenen Verstehens?«, beharrte Karl Friedrichs.

»Dass um historisch-kritische Auslegung kein Weg herumführt, zeigen die Mose-Gesetze, die in ihrer Zeit gültig waren, nicht aber für Jesus oder die Jetzt-Zeit«, entgegnete Rudi Schaumann überzeugend.

Sein Frühstücksgenosse setzte dennoch das Bedenken fort: »Demnach könnte eine gegensätzliche Ethik, in verschiedenen Zeiträumen formuliert, ›Gottes Wort‹ sein, etwa im Hinblick auf geschlechtliches Fehlverhalten der Frau, wenn das Gesetz Moses die Steinigung bis zum Tod festsetzt und das Neue Testament das Steinewerfen verbietet.«

»Es bleibt ›Wort Gottes‹, überliefert aus gewandelten Zeiten«, blieb der Theologe standhaft.

»Und aus Mund und Feder gewandelter Menschen«, ergänzte Karl Friedrichs und folgerte:

»Wenn ich also als ›Gottesschriften‹ Bezeichnetes lese, müssen Absender und Adressat im geschichtlichen Rahmen mit bedacht werden; losgelöst von ihnen führt der Text in die Irre.«

»In der Übertragung des Schriftstücks aus veränderten Zeitläufen«, fuhr der Freund fort, »liegt die schwierige Kunst des Verstehens; auch Texte des ›Heiligen Kanons‹ haben ihre Geschichte, die bei der Beschäftigung bedacht werden muss.«

»Eine reizvolle Beschäftigung!«, klang für beide überraschend der begeistert abschließende Ausspruch Karl Friedrichs, dem er sogleich einen ebenfalls reizvollen Gedanken nachschob und die morgendlichen Barbesucher aus der theologischen in die Inselwelt zurückbrachte:

»Die herzliche Familie aus dem Garten der Johannes-Kapelle geht mir nicht aus dem Sinn. Ich möchte mich bedanken für die freigebige Aufnahme in ihrer Mitte und den beiden Kindern der schönen Georgia ein paar Geschenke bringen, bevor ich morgen abreise.«
Rudi Schaumann schloss sich dem Vorhaben an, und so besorgten sie für die achtjährige Stella einen altersgerechten schmucken Armreif, ein hübsches Halstuch und Malzeug, für den dreijährigen Michális Farbstifte, einen bunten Spielball und ebenfalls ein Halstuch.

Als die Besucher sich dem Wohnort der Familie näherten, kam ihnen das Geschwisterpaar Hand in Hand entgegen und geleitete die Fremden, als wären sie erwartet worden, zu einem quaderförmigen Haus aus Erd- und Obergeschoss, in dem sich jeweils Küche, Wohn- und Schlafraum aneinander-reihten. Die untere Ebene bewohnten die Großeltern der Kinder und die obere, seitwärts über Außentreppe und -gang zu betreten, Tochter Georgia mit Familie.

Wie längst Vertraute wurden die Nordländer von dem älteren Ehepaar und ihrer Tochter freundschaftlich umarmt und von der Terrasse aus durch die schmale Küche zu einem Tisch gebeten, der das Mittelzimmer nahezu ausfüllte. Yiánnis reichte vom Selbstgekelterten, goldgelb und schwer, in kleinen Gläschen, und seine fürsorgliche Frau legte kandierte Früchte bei. Die Kinder waren mit den Geschenken beschäftigt, die Willkommensgaben genossen, als die liebenswert-gütige Hausfrau die Gäste zu einem Rundgang drängte und so Karl Friedrichs wundersam-versonnenen Blick von ihrer Tochter riss.

Der Weg führte um das Bergdörfchen herum zu kleinen Weinfeldern und Gehegen mit Federvieh und Ziegen, die den schmackhaften Käse und das Zicklein anzeigen mochten, die später zu den Gaben des Gastmahls zählten.

Der Anblick der Ziegen und Hühner malte Karl Friedrichs Bilder aus der Zeitentiefe früher Kindheit vor Augen:

Auf einem Kleefeld, Teil eines abschüssigen Ackers, den der Großvater in den ersten Nachkriegsjahren bestellte und von dem sich die Aussicht über ein Tal von Wiesen und bewaldeten Hängen in die Ferne dehnte, waren zwei Ziegen an langen Leinen angepflockt, denen sich das Karlchen bei seinen Feld- und Wiesenumtrieben hin und wieder erfolglos zu nähern versuchte. Als Gegenbild zur ägäischen Insellandschaft stellte sich heimatlich-reizvolles Bergland vor, in dem große Buchenwälder sich über Höhenkämme weit hinauszogen, von Äckern und Weiden gesäumt.

Hühner hatten im großmütterlichen Hausgarten umzäunten Auslauf, und wie hier in Stellas Inselgarten stand im festländischen der Kindheit ein prachtvoller Kirschbaum, dessen fleischig-tiefdunkle Früchte ihren ausgeprägten Geschmack noch nach vielen Jahren auf der Zunge des jungen Mannes hinterließen.

Auch das Gastmahl, das sich der Gartenumschau anschloss, sollte bedeutsam bleiben bis weit in die Zukunft eines gewandelten Heldenlebens. Zunächst kamen noch einmal zum Raki, selbst gebrannt in dorfeigener Destille, kandierte Orangen und Zitronen, dann Ziegenkäse und hausgemachte Kekse auf den Tisch, gefolgt von Tomatensalat mit ein wenig Paprika, Zwiebel und köstlichem Gewürz, schließlich Makkaroni-Auflauf und danach Zicklein auf Kartoffeln, dazu reichlich vom eigenen Wein. Noch einmal Kandiertes zu griechischem Kaffee schloss das Mahl, nicht aber die Tischrunde, die sich mit Familienfotos und -geschichten weit in den Nachmittag hineinzog, bis die jungen Männer nach Austausch der Anschriften und Wangenküsschen zum Abschied den Rückweg ins »Pátmion«-Hotel antraten.

»O chrónos« mitsamt den Alltäglichkeiten sollte sich dehnen, bis ein gewandelter Held nach zwei Jahrzehnten seine Inselzeit fortsetzte.

Zwischenzeit in der Rückblende

Die dreiwöchige Auszeit unseres Mittdreißiger Urlaubers in entrückter Inselwelt war abgelaufen, aber gleichsam als Aussaat im Geiste trug sie Frucht, sodass wir einen gewandelten Bremer Szenenlustgänger mit Hang zu wankenden Verliebtheiten und Finanzkonstrukten in seinem aufgeräumten Inselhaus antreffen, wenn auch zwei Jahrzehnte danach.
Schon der alternd-kränkelnde Mann vom Johannes-Klosterberg hatte gelehrt, wie unfassbar Zeit ist, Lebenszeit vor allem, wenn sie vergangen ist, einer Traumzeit gleich, in der das Sein sich im Zerfließen verliert. Im Rückblick mögen Monate, Jahre oder Jahrzehnte gleichermaßen ungreifbar sein. Messen lässt sich Zeit wohl eher an Dingen, die sie gefüllt haben.
So heben sich in der Rückschau des nun Mittfünfzigjährigen Inselhausbewohners Karl Friedrichs eigentümliche Ereignisse aus Bremer Zwischenzeit ab und vervollständigen den Entwicklungs- und Bildungsgang aus Liebesreigen und Finanzpapierhandel zum Umgang mit Schriften der Alten und Heiligen und einer liebenswerten Inselfamilie.

Bemüht um eine chronologische Reihung, blenden wir zunächst das Ende der Inselurlaubszeit ein:
Die Freunde des »Augerinos«-Kreises teilten mit Karl Friedrichs im Hafen von Skala die sich wie üblich dehnende Wartezeit auf das Fährschiff nach Piräus, mit dem er die Rückreise antrat, um von Athen über Budapest nach Berlin zu

fliegen, nicht ohne sich bei Friederike, wie versprochen, gemeldet zu haben.

Als sich also die Zeit dehnte am Fähranleger, nahm Philipp Wolf den Bremer Freund beiseite, um ihm Verschwiegenes vom Klosterberg im Geheimen anzuvertrauen, bestimmt nur für Ohren verwandter Seelen:

»Auch der alte, ermattete Mann hat mich in eine Nische des Trutzgemäuers gezogen wegen seines Geheimnisses. Niemandem habe er bisher den beunruhigenden Traum erzählen können, der ihm aber fortwährend zu denken gebe, satyrmäßig und plastisch-erschütternd. Erst bei mir, dem weltläufigen Seemann, so empfinde er plötzlich, sei sein Traumbild, dem Pfeil des Eros gleich, der auch ein Dämon sein könne, angemessen und vertrauenswürdig aufgehoben, und er habe es sich wenigstens einmal aus der Seele gesprochen.

Im Gleichmaß täglicher Abläufe ohne Anspruch, Gefühl und Begehren, im Verzicht und stoischen Phlegma habe er Lebenszeit zerfließen lassen, da doch alles letztlich nichtig sei – allein ein Traum am Ende der Nacht sei störend in die Ataraxie eingebrochen und habe ihn hilflos ausgeliefert erwachen lassen, ausgeliefert der natürlich-geschlechtlichen Beschaffenheit. Wohl könnten Geist und Bewusstsein, wie die Lust, Gaben unseres Gottes, einiges steuern, den Traum in seiner Widerfahrnis nicht.

Durch Straßen einer großen Stadt sei er geirrt, die sich verengten und schließlich endeten; aber er habe ein Ziel gehabt, und so sei er über Wälle, Mauern und ein Gelände aus Blechhütten und Schrotthalden gestiegen, als plötzlich zwei Mädchen, Beine und Backen bloß, den Blick gebannt hätten, und Lippen aufgeblitzt seien, die ihn unversehens aufgenommen hätten, wodurch er erwacht sei – allein. Da habe er die Worte

des heiligen Paulus über die Ehe verstanden: Keiner entziehe sich der Lust des anderen; er aber sei auch allein gewesen in den Anfängen des Glaubens um der Mission willen.«
»Es mag wohl vorkommen, dass die Gottesgabe geschlechtlicher Lust Zuflucht nimmt im Traum, wenn sie sträflich verleugnet wird«, bestätigte der Seelenverwandte und nahm die Traumentblößung mit auf den Weg, an dem auch die Stadt Berlin lag, in der er verabredet war.
Als Karl Friedrichs sich im Taxi der Wohnung Friedrikens näherte, sah er sie in männlicher Begleitung und einem erregten Gespräch die Straße entlanggehen.
Man habe sich halbwegs getrennt, gab sie später zu verstehen, sodass restlichen Berliner Urlaubstagen vom Bremer Dienst am Geld der Weg geebnet sei.
Das aufgeräumte Wohnklima zum Hinterhof war angenehm wie auch die abendliche Kreuzberger Kneipenszene, deren Entsprechung die Berlinerin in der Folgezeit im »Ostertor«, dem »Bremer Viertel«, kennenlernte.
Tagträumend in griechischem Inselhaus erinnerte sich Karl Friedrichs an die Gegenbesuche von kaum einer Jahreslänge, strategisch problematisch eingeschleust in zwei auslaufende Verhältnisse, die nacheinander auch bald darauf endeten und in einen Ausstand der Verliebtheiten mündeten.
Aus zwei Jahrzehnten Bremer Finanzdienste und Bummeleien stellten sich, versunken in Brunnentiefen der Vergangenheit, Geschehnisse blickwinkelhaft vor das geistige Auge:

Hochzeit und Scheidung Rudi Schaumanns stiegen herauf. Die vertraute Pfarramtsgehilfin war ins Pfarrhaus gezogen und die lieb gewordene Pendelei zwischen Amtssitz und separater Privatentspannung vorbei. Das Fest amtlich beglaubigter Zweisamkeit war prachtvoll, fröhlich, groß-

zügig und kostspielig vom Ersparten der lieblichen Gehilfin ausgetragen worden, die eine Heirat auch wohl ernsthaft erstrebt hatte, und Rudi Schaumann gab seine Freude lächelnd hinzu, hinter der ein aufmerksamer Beobachter wohl auch verborgene Besorgnis zu wittern vermochte.
Eine knappe Handvoll Neujahrsfeiern im Pfarrhaus gingen ins Land, von denen zuletzt in der Inselhauserinnerung die ehelichen Spannungen noch spürbar waren, die dem Pastor und Freund schließlich den Rücken derart beschwerten, dass ärztliche Hilfe erfolglos blieb und die Schmerzen erst wichen, nachdem die Scheidung in freundschaftlichem Wohlwollen überstanden war. Nach mehrjähriger Beziehungslücke hatte sich neben einem neuen Pfarrhaus auch ein neuer weiblicher Hausstand gefunden, wohlweislich in ausreichendem räumlichem Abstand, der nach Lage pfarramtlicher Verrichtungen und Herzensbedürfnisse jederzeit liebevolle Aufnahme gewährte, sodass dem Glück zeitweiliger Zweisamkeit und Entspannung wiederum keine häusliche Verhältnisenge mehr im Wege stand.

Der »Augerinos«-Freund Philipp Wolf, nun schon eingeäschert in norddeutscher Geesterde begraben, stellte sich aus Zeitentiefen vor Augen. Er hatte ihm zuvor alles Vertrauen der Welt geschenkt, damit er als notariell beglaubigter Treuhänder den Nachlass zum Wohle seines thailändischen Weibes regle, ohne das Anrecht von Tochter und Sohn aus erster Ehe außer Acht zu lassen.
Von unermesslichen nächtlichen Schmerzensschreien, allen Opiaten zum Trotz, hatte die junge Gattin berichtet, nachdem Metastasen des Lungenkrebses nach mehreren vorherigen Operationen das Gehirn befallen und das Sterben eingeleitet hätten.

Noch vier Jahre danach drängten sich dem nachsinnenden Inselfernen Bilder der furchtbaren Krankheit vor, die den Freund bis auf den Tod in den Griff genommen hatte. Zunächst hatte er über unbestimmte körperliche Beeinträchtigungen geklagt. Arztbesuche waren ergebnislos geblieben, bis nach Monaten schließlich der Bremer Klinikbefund »Lungenkrebs« wie beiläufig aus fachkundigem Mund gekommen war, als er den Freund im Krankenhaus besucht hatte. Als stehe die Zeit still, hatten erst nach einer Weile, nachdem der Arzt schon gegangen war, die standfesten Beine des wackeren Seemanns und Weltenwanderers begonnen zu wanken. In dem Bewusstsein, dass das Leben, das er liebte, zu Ende ging, hatte er sich abgewandt – und geweint.
Zeitversetzte Operationen waren gefolgt bis zur Entlassung ins Geesthäuschen und in liebevolles Umsorgtsein von einer noch jungen, verängstigten Frau. Starke Opiate hatten die Schmerzen gedämpft, sodass der kräftige Mann noch ums Haus herum getappt war, die Welt nur noch schemenhaft in mattem Licht sehend, bis zu jener Todesnacht, aus der Sunan Wolf von Schreien berichtet hatte, die nicht von dieser Welt hätten gewesen sein können.

Die treuhänderische Verfügung, Nachlass und Erbe im Verständnis des Freundes von fürsorgender Gerechtigkeit für die Alleinstehende aus fernöstlichem Land in die Wege zu leiten, ohne die Ansprüche der beiden erwachsenen Kinder zu übergehen, war nicht problemfrei, aber letztlich ordentlich ausgerichtet worden.
Sunan Wolf hatte das Geesthaus einschließlich 5000 Quadratmeter Grund allein nicht mehr bewohnen wollen, und ein geschickter örtlicher Makler hatte Käufer für Haus

und abgetrenntes Grundstück, das zur Zwischenbebauung ausgeschrieben worden war, gefunden, sodass eine stattliche Verkaufssumme herausgekommen war, die nach Ablösung der Darlehen zu gleichen Teilen auf die Konten der Witwe und der Kinder geflossen war. Lebensversicherungen waren ausschließlich an die begünstigte Ehefrau ausgezahlt worden, nachdem aufreibende Gespräche mit Tochter und Sohn Einsicht gebracht hatten. Ein Depot hatte er der jungen Thailänderin in der Anlage vernünftig gestreut, eingerichtet und sie in seinen Bremer Jahren in den Umgang mit Versicherungen und Beihilfestellen eingewiesen.

Nach Bangkok zu Eltern und Brüdern hatte sie nicht zurückkehren wollen; dort würde sie nur als Küchenhilfe für drei tägliche Mahlzeiten missbraucht, die Aussicht einer Beziehung für eine Frau ab Dreißig wäre gleich null und die Witwenpension vermindert. Eine thailändische Freundin, die am Ort mit einem deutschen Fuhrunternehmer verheiratet war, hatte ihre Wohnung gegen gelegentliche Kinderbetreuung und Hilfe im Haushalt angeboten und ihr damit ermöglicht, des geliebten Gatten auf geestländischem Friedhof zu gedenken.

Ein anderes Bild stellte sich dem Inselhaus-Tagträumer aus dem romantisch besungenen Heidelberg vor Augen: das Zeugnis unzerbrechlicher Eheeintracht. Die beiden Söhne des Dozenten der Philosophie und seiner lieblichen Gattin Antoinette hatten nun auch schon das angenehme Wohnhaus in ausgesuchter Stadtrandlage gegen fernere Studienplätze eingetauscht und die Eltern ihrem Wohlgefallen aneinander und der Welt überlassen, trotz einseitiger Zugehörigkeit der Lieblichen zur freikirchlichen

Glaubensgemeinschaft. Ein Eheglück mit Bestand seit versunkener Inselurlaubszeit.

Die eigenen Lebensläufe hätten gegensätzlicher nicht sein können. Verwirbelt in der Beschäftigung mit Geld- und Liebeshändeleien, durchsetzt mit Biergenuss, stiegen sie aus abgründigen Brunnentiefen herauf zur Inselhöhe vor das geistige Auge: das »Sich treiben lassen« in die Nächte hinein, gewohnheitsmäßig dem Bremer »Viertel«, wie der Stadtteil »Ostertor« von seinen Bewohnern liebevoll genannt wurde, angepasst, vom »Hallo« im »Schuster« zu dem »Türken« oder »Römer«, vom Schulterklopfen oder Wangenküsschen im »Litfass« zu denen im »Piano« oder »Pferdestall«, unverbindlich und selbstverständlich zugehörig, unverabredet und begabten Blickes für mögliches Liebeslächeln.
Anders war dann an den Tagen die Ansicht des zweckmäßig-schlichten Büros in der Bankzentrale der Innenstadt gewesen als die großräumige Altbauwohnung eines Bremer Hauses am Osterdeich mit hohen stuckverzierten Decken und Parkett verlegten Böden. Reizvoll hatte sich auf dem Sockel im Erker der Spieltisch samt Plüschgestühl und Blick über Deichwiese und Weser gemacht, so auch bei der Feier mit buntem Publikum in der weitläufigen Osterdeich-Etage, von der der »Augerinos«-Freund Philipp Wolf im Nachhinein ihm eine eigenwillige Geschichte zu berichten gewusst hatte, ihn selbst betreffend und äußerst intimen Charakters:
Ein prächtiges Fest sei es gewesen, und er habe bei ihm mächtig an Ansehen gewonnen, vor allem aber aufgrund einer Plauderei, die sich beiläufig mit einer jungen Dame der Gesellschaft ergeben habe. Das Festgetriebe ausge-

streckt auf einem Sofa betrachtend, habe sie den seemännischen Weltenbummler in ihm zu sich hingezogen.

Wie sie zu dem Gastgeber stehe, habe er harmlos gefragt und eine Geschichte vernommen, die ihn tief beeindruckt habe.

Eine Liebesgeschichte etwas anderer Art war es in der Tat gewesen, die ihn kurzfristig eingenommen hatte und die der vertrauenswürdige Freund nun schon im viel zu frühen Urnengrab des Geestfriedhofs verwahrte. Das episodenhafte Verhältnis kam dem Inselresidenten noch einmal in den Sinn. Ein reizvolles geschlechtliches Ritual nach Vorgabe der jungen Lehramtsinhaberin war eingebettet gewesen in offene Gespräche in benachbarter »Brommy«-Kneipe oder ergänzt worden durch die Behandlung des geschichtlichen Themas ihres zweiten Staatsexamens über die deutschen Bauernkriege. Entspannende Liebeslust war zusammengegangen mit der Rede des großen Luther zur »Freiheit eines Christenmenschen«, als gehörte auch das eigenwillige Zeremoniell der jungen Dame dazu, wenn ihr, in gekrümmter Sitzhaltung die langsame Vereinigung der Geschlechter betrachtend, höchste Lust widerfahren war, ohne weitere partnerschaftliche Berührung.

Die Einweihungsfeier ihrer neuen Behausung, verbunden mit solider Partnerschaft, zu der er geladen war, hatte dann ihr ungewöhnliches Verhältnis beendet – ohne Leid und ohne Schuld, ein Umstand, den andere auslaufende Liebesbindungen so klar nicht geteilt hatten.

Schuld stellte sich vor nun erst auf der Inselhöhe, als wäre sie auf der Seele liegen geblieben, verschüttet im Unbewussten des Leichtlebigen, wenn er von Trennungen bis auf ein unbestimmtes Bedauern nicht berührt worden war.

Aus der Tiefe der Erinnerung stiegen noch einmal Episoden herauf und machten spät Schuld bewusst:

Jahre nach dem Abbruch der Beziehung hatte der überraschende Anruf einer zeitweilig Geliebten mit der Nachricht von gewonnenem Ehe- und Mutterglück seine Seele doch ein wenig erleichtert, sodass sie wohl, wenn auch verdrängt, belastet gewesen war. Die Berichte eines befreundeten Kollegen, bei dem die Verzweifelte noch über Wochen Zuflucht gesucht und Herzensschmerz und Seelenleid geklagt hatte, wurden ihm erst in dieser späten geistigen Rückschau bewusst.

Das Bild einer reizvollen, in der Hüfte ein wenig behinderten Hübschen, mit der ihn während einer Tagung Nächte der Lust verbunden hatten, stellte sich vor, wie sie entsetzt geflohen war, als er ihr zufällig einige Jahre danach begegnet war.

Die eindringlichen Beschwerden und Bitten eines Vaters zweier liebenswerter Kinder in abendlichen Telefonaten, das Verhältnis zu seiner Frau zu beenden, erreichten erst jetzt um viele Jahre verspätet, das Gewissen des einst Unbekümmerten, so, als hätte die Umkehr in neue Inselzeit Mitgefühl und Schuldempfinden geschaffen.

Aber wie das Wort, das eine Seele verletzt hat, selbst im Bedauern nicht zurückgerufen werden kann, beschwere verursachtes Leid die Waagschale der Schuld.

Die Mönchsrede, vor zwei Jahrzehnten von Philipp Wolf überbracht, klang ebenso nach wie das Bekenntnis der schönen Darmstädter Antoinette und Heidelberger Dozentengattin vom unbedingt sühnebedürftigen Menschen- und Gotteskind und von der von Gott selbst erwirkten Sühne, wenn sie denn tröstend im Glauben angenommen würde.

Neben Liebeständeleien und einträglichem Dienst an den Finanzen sowohl für die Bank als auch das eigene Portefeuille glitten in der Rückschau die Freundschaftsbesuche bei der Inselbergfamilie vorüber.

»Élla, élla!« Mit dieser Aufforderung hatte Stella ihren Arm unter den seinen geschoben und ihn zu einem Grundstück am Rand des Dorfes begleitet.
»Wenn das Land dir gefällt, bauen wir für dich ein Haus darauf«, hatte sie lächelnd gemeint. Und so hatte es vier Jahre gedauert, bis das Kykladenhaus von einheimischen Bauleuten errichtet worden war, ohne die Kosten zu sprengen.

»Griechisches Inselhaus«

Und so blickte er nun vom Denk- und Schreibplatz seines Inselberghauses über die Weite des ägäischen Meeres und gelöschte persönliche Zeit. Das Begehren im Austausch verliebter Verhältnisse war entflammt und verflogen, die Investitionen in Wertpapiere waren dagegen auf Zukunft aus gewesen und hatten auch nur mit Erfolg realisiert werden können aufgrund günstiger Marktstände zu gegebener Zeit am Ende des 2. Jahrtausends, bevor die Blase an den Börsen geplatzt war und die Bären und Baissiers das Regiment übernommen hatten.

Sühne

Die Dienste in Banken- und Liebesverhältnissen waren gleichsam in einer Traumzeit zerronnen und hatten Raum für einen anderen Dienst gegeben, der Beschäftigung mit dem »Wort«, das der alte Seher von Patmos, Johannes, genannt »der Presbyter«, mit Gott gleichgesetzt hat, das Leben ermöglichend. Es war das »Wort« aus sehr alter Überlieferung, in dessen Dienst ein gewandelter Karl Friedrichs, wie Antoinette Holzmann sagen würde, weitere geschenkte Zeit stellte.

Und er wählte zuerst die geheimnisvoll-sonderbare Geschichte des Gottesmannes Simson, zugehörig dem kleinen Stamm Dan, Nachkomme des gleichnamigen Sohnes Dan, den der Stamm- und Urvater Jakob mit der Sklavin Bilha gezeugt hatte.

Der Arbeitsraum im Haus war gewählt mit weitem Blick über die Inselbucht und das Meer. In ihm verdiente sich der Nordland-Flüchtige in der Regel vormittags die genießbare Muße des verbleibenden Tages, Muße für Tavernenmahlzeiten, Inselwanderungen, Ausflüge an Meeresbuchten und Besuche bei den Inseldorfbewohnerinnen Stella und ihrer Tochter Georgia, deren Kinder die Inselheimat gegen Athen eingetauscht hatten. Die einstmals achtjährige Stella war nun Ehefrau, Mutter und Mitarbeiterin einer Reederei. Ihr Bruder, der einst an einem Spielball seine Freude hatte, war Student der Ökonomie, und Opa Yíannis lebte nicht mehr. Auch der Ehemann Georgias, Agent einer Transportgesellschaft, war nur selten im Inselhaus anzutreffen, und der bezaubernde Reiz der nun schon 48-jährigen Gattin, Mutter und Großmutter, dessen Ausstrahlung auf Karl Friedrichs insgeheim der Freund Rudi Schaumann vor 20 Jahren schon bemerkt hatte, war geblieben, ein Labsal sinnlich-versonnener Betrachtung. Feld und Weinberg, deren Bestellung in den kundigen Händen von pappúss [19] Yíannis gelegen hatte, waren verpachtet; nur Haus-, Garten- und Kleinviehwirtschaft wurden von der rüstig-munteren Stella noch tapfer betrieben, unterstützt von ihrer Tochter Georgia.

Dabei blieb jederzeit genügend Muße für den freundschaftlichen Besucher und Wahlpatmier Karl Friedrichs und einer Auszeit der Lieblichen mit dem Freund aus der Fremde durch Insellandschaften oder an Meeresgestade.

»Warum verlässt ein Mann nach 54 Jahren seine Heimat?«, fragte die Insel-Schöne am einsamen Meeresbusen von Lámbi vor bunt-glitzerndem Kieselmosaik; und als so ihre Blicke sich unumgänglich trafen, bedurfte es manch vernünftiger Willenskraft des einen, sich nicht in der Traumverheißung tiefgründig-schwarzer Augen der anderen zu verlieren, der Magie ihrer Anziehung zu wehren und die Freundschaft in Sympathie zu wahren.

Verzögert antwortete Karl Friedrichs:

»Zu dem Bewusstsein von Heimat gehört wohl eine Familie mit Frau und Kindern, die ich nicht gehabt habe«, und lächelnd schob er nach: »als Fremder hier aber, wenn auch in freundschaftlicher Form, bekommen habe.«

»Die sich jedoch nun ebenfalls nahezu aufgelöst hat«, ergänzte die Inseltreue.

Zum Glück hatte der vorzeitige Ruheständler Arbeit, die den Geist beanspruchte und auch den Körper ermattete, wenn er die Geschichten der Gottesmänner aus alten Zeiten

zu Papier brachte, bemüht um eine verständige Erzählung, ohne den geschichtlichen Bezug außer Acht zu lassen.
So studierte und skizzierte der Inselresident in freier Wahl und einem Stübchen mit Sicht übers weite Meer die Gottesgeschichte von ihren Anfängen her, soweit schriftliche Überlieferung in die Zeitentiefe reicht, um sie in Erzählform und hermeneutischer Verantwortung neu in die Zeit zu stellen, dankbar dem Gott, der ihm solch gesondert gewirktes Leben schenkte. Gefangen in dem Dienst am »Wort« bannte ihn die Gottesbeschäftigung oftmals bis in den Nachmittag hinein, sodass er freudig die durchgehende griechische Tavernenküche annahm.

Eines Tages kam im oldenburgischen Pfarramtsbüro Inselpost an, die die Wende in der Bildungsgeschichte unseres Helden und Inselhockers im Wohlstand frei verfügbarer Zeit anzeigte.

»Lieber Rudi, es wird dich vielleicht kaum überraschen, wenn ich aus der Wahlheimat und dem ›Zeitwohlstand‹ vom Leid an der Liebe berichte, denn du hast schon damals in lange vergangener ›Augerinos‹-Urlaubszeit beobachtet, wie sich im Inselberg-Garten nahe der Johannes-Kapelle meine Sinne und Seele verloren, als ich im Kreis der Familie die schöne, junge Ehefrau und Mutter das erste Mal sah. Und solchermaßen gefangen im Widerschein weiblicher Anmut bin ich zwei Jahrzehnte danach bis heute.
Im ›Werther‹ des jungen Goethe mahnt die Mutter ihren Sohn, der in Herzensnöte geraten ist:
›Junge, arbeite!‹
Auch von hoher Kirchenwarte wird die Berufung in ein Amt angemahnt, wenn Richelieu, Kardinal und erster Minister

Ludwigs XIII., sie in seiner ›Emblema Animae‹ als heilsam für jeden Menschen preist, weil sie ihn vor der Trägheit rette und den Verstand vom Nachdenken über Dinge abhalte, welche die Seele belasten.

Werther nahm den Rat der Mutter an, verwarf aber bald wieder das angebotene Staatsamt in juristischer Verwaltung als oberflächliche Pflichterfüllung. Die Berufung konnte das leidende Herz nicht trösten, den Bann der Empfindsamkeit nicht brechen, in den die verinnerlichte Liebe zur gebundenen Lotte ihn geschlagen hatte. Das Leid der empfindsamen Seele blieb bis in den Tod.

Nun ist dein seelsorgerliches Amt, lieber Rudi, wie ich meine, nicht vergleichbar mit dem im Rechtswesen oder dem Dienst am Gemeinwohl überhaupt oder gar dem ehemals meinen im Bankenwesen; denn jenseits von Gemein- und Privatnutz ist es das schwere Amt der Fürsorge um Körper, Seele und Geist. Ich habe, wie gesagt, kein Amt mehr, schlage aber die mütterliche Mahnung an den guten Werther nicht in den Wind: Ich schreibe im ›Zeitwohlstand‹ nach freier Wahl, ermöglicht durch die glückhafte Fügung des Börsenwesens im letzten Jahrzehnt des abgelaufenen Jahrtausends, wie du weißt.

Gewählt habe ich aus biblischen Zeitentiefen die Geschichte des gottgeweihten Helden, Possenreißers und Richters Simson, auch wenn es wie zu deiner einstigen Elia-Erzählung am ›Profitis Elias‹ keinen ebenbürtigen ›Richter Simson‹-Berg gibt. Meinen Erstversuch als Geschichtenschreiber in Form ›erzählter Lehre‹ habe ich für dich diesem Brief beigelegt.

Nach Sinn und Zweck der Gottesbeschäftigung gefragt, bekenne ich mich am Schluss zu dem Gedanken der Vorsorge für das Heil der Seele, wie er damals in »Augerinos«-Tagen in den Worten der schönen und klugen Antoinette Holzmann mitschwang, und wie ihn auch der heilige Paul und Zeltmacher aus antikem Tarsus kannte, als er im Brief an die Philipper über Sinn und Zweck seines aufopfernden Missionsdienstes nachdachte: ›Wenn Jesus im Tod geblieben ist, … bin ich umsonst gelaufen‹.«

Gruß von der Insel und Segen Gottes
Karl Friedrichs

Simson

»Simson, wohin gehst du?«, rief das Weib des Manoach aus danitischem Geschlecht ihrem Sohn nach. Der kräftige junge Mann aber eilte, ohne zu antworten, von Zora am Rande des Gebirges Juda hinab in die fruchtbare Küstenebene, die neben Getreide auch Feigen und Wein trug. Aber nicht die süßen Früchte, auch nicht der gute Wein reizten den Getriebenen; das wusste seine besorgte Mutter wohl, als sie ihm vom steinigen Gebirgsacker aus nachblickte. Die Töchter der mächtigen Philister waren die Objekte seiner Begierde.

Das Weib des Manoach hielt mit der schweren Feldarbeit inne und sann nach wie damals, als plötzlich der Fremdling erschienen war und die Geschichte ihres Sohnes begonnen hatte:
Erschöpft vom Schneiden der Gerste, hatte sie sich auf einer Garbe im Kornfeld niedergelassen, um Atem zu holen, als eine unbekannte Stimme sie wie aus den Himmeln angesprochen hatte.
Furcht überkam sie erneut wie damals vor dem Unbekannten, der ihre Schwangerschaft angekündigt hatte, nun aber um den Sohn, dessen Geburt und Leben unordentlich waren. In ihrem mütterlichen Herzen liebevoll verwahrt, war er dem elterlichen Haus in Zora und dem danitischen Stammesleben entglitten.
Auch Manoach, der gütige Gatte und Vater, sorgte sich und mahnte den Sohn:

»Simson, auch die Nachkommen Dans und Judas haben schöne Töchter. Warum treibst du dich bei den Philistern herum?«

Dabei wusste Manoach so gut wie sie selbst, dass solche Ermunterungen leere Worte waren, die weder Kopf noch Herz des Sohnes erreichen konnten. Ihrer mütterlichen Seele war seit jener fremdartigen Feldankündigung bewusst, dass Wille und Bestrebungen Simsons fremdbestimmt waren. Hatte die Erscheinung auf dem Acker damals ihr nicht schon Sonderbares angesagt? »Gottgeweiht«, so klang es nach, sollte das Kind sein, zu niemandes Verfügung, auch nicht zu eigener, ein Leben als Opfer also, dem Eigenwillen entzogen als Werkzeug ihres Gottes, des Namenlosen und Geheimnisvollen.

Sie erinnerte sich an die erschütternde Furcht, die ihren guten Gatten, den friedfertigen Manoach, befallen hatte nach jener eigenartigen Ackererscheinung.

»Wir sind verloren«, hatte er gesagt, »denn wir haben den Unsichtbaren gesehen.«

Nun war wie schon ihre Mutterschaft auch der Einziggeborene im Geheimnis Gottes verwoben und stürzte hinab vom Gebirge Juda in die feindliche Küstenebene und die Arme der Philisterinnen.

Besorgt blickte die gute Mutter dem Sohn nach, den es gegen dieses mächtige Seevolk trieb, das von fern über das große Meer gekommen war.

So hatte sie als Weib des Daniten Manoach den Sohn hineingestellt in die Geschichte Kanaans um das 12. Jh. v. Chr. herum, einen jungen Mann, begabt mit Körperkraft über alle Maße, Jahwe, dem Gott Israels geweiht und berufen zum Richter aus dem kleinen, schrumpfenden Stamm Dan über den Bund der zwölf Stämme.

Nun muss ich als Erzähler einmal zurücktreten vor alter Überlieferung, einem Geschichtsschreiber aus dem 6. Jh. v. Chr., den die Theologie des 20. Jhs. n. Chr. als Arbeitsgrundlage einmütig als »Deuteronomisten« bezeichnet und dem sie ebenso einmütig neben dem »Deuteronomium« (5. Buch Mose) auch die alttestamentlichen Geschichtsbücher »Josua«, »Richter«, »Könige« und »Chronik« zuschreibt, wobei das altgriechische Wort »Deuteronomium« das »zweite Gesetz« meint, weil es das »Gesetz Moses« aus den vorangegangenen Mose-Büchern noch einmal zusammenfasst.

Dieser »Deuteronomist« schreibt also das umfangreiche Geschichtswerk von der Landnahme Kanaans im 13. Jh. v. Chr. über die Zeit der Richter und Könige bis zur Zerschlagung des Staates Israel und der dreißigjährigen Verbannung nach Babylon im 6. Jh. v. Chr., um die Ursache dieser Katastrophe aufzuzeigen:

»Gott, auch Jahwe oder Herr genannt, bestraft das Volk seines Bundes, weil es ihm siebenhundert Jahre lang ständig wieder untreu und den Baalen und Ascheren Kanaans nachgelaufen ist.«

Unter diesem völkisch-theologischen Überbau des Jahwe-Bundes steht auch die Geschichte des Helden und Richters Simson zur Landnahmezeit, die natürlich mit der des großen Gottesmannes Mose und der seines Militärstrategen Josua nicht mithalten kann, wenn unter ihrer Leitung in Ägypten der Würgeengel umgeht oder die Mauern Jerichos vom Schall der Widderhörner einstürzen, obwohl in der Gottesgeschichte des flatterhaft Liebenden, wie sie mir in die Feder gekommen ist, gewisse ausgesuchte Streiche auch überlieferungswürdig zu sein scheinen.

Der »Geist des Herrn« trieb Simson, den Richter Israels, noch jung und stark, aus dem Lager Dans zwischen Zora

und Eschthaol am Rande des Gebirges Juda hinab nach Thimna in der Küstenebene der Philister, und als er wieder heraufkam, teilte er seinen Eltern mit:
»In Thimna habe ich eine von den Töchtern der Philister gesehen, die nehmt mir zum Weibe!«
»Du weißt schon«, versuchte der Vater einzuwenden, »dass die Philister unsere Feinde sind und über uns herrschen.«
Und die Mutter fragte besorgt und auch ein wenig vorwurfsvoll: »Gibt es denn unter den Töchtern der Stammesgenossen und in unserem Volk Israel keine Frau, die dir gefällt, sodass du den Töchtern der Unbeschnittenen nachläufst?«
»Nein«, antwortete der Sohn, »nehmt mir das Weib aus Thimna, nur das ist mir recht!«

Unser Geschichtsschreiber aus dem nachexilischen 6. Jh. v. Chr., der sogenannte »Deuteronomist« hielt also dafür, dass die Eltern die Philister-Neigung ihres Sohnes nicht verstanden, obwohl sie hätten mutmaßen können, dass ihr Gott auch damit anzeigte, geheimnisvolle Dinge zu tun, so wie schon der Ankündiger der Mutterschaft damals auf dem Acker aus seinem Namen ein Geheimnis gemacht hatte. Überhaupt hätte ein Blick auf die ungeschorene Haarpracht des Sohnes genügt, um den Geweihten Jahwes, sein Werkzeug und Opfer zu erkennen, sich an die Gottesfurcht erinnernd, die sie bei der überraschenden Feldbotschaft des Fremdlings überkommen war.
Sie taten es nicht und wussten noch nichts von dem volkstheologischen Überbau, unter den der deuteronomistische Geschichtsschreiber den Richter Israels und mörderischen Spaßmacher zu stellen gedachte: einen geschichtlichen Bogen zu spannen von anfänglichen Einfädelungen kämpferischer Unternehmungen gegen den Erzfeind bis zu seiner

Unterwerfung durch den Großkönig und Schlachtenheld David. Der Plan Jahwes, an die Philister heranzukommen, sollte in die Wege geleitet werden durch den »názír«, den »Jahwe-Geweihten«, und so nahm das Schicksal und Possenspiel Simsons seinen Lauf.

»Du weißt um die steinigen Äcker im Gebirge«, hob Vater Manoach im Haus der Philisterbraut an, »Fleisch können wir geben für das Töchterchen, von dem mein Sohn nicht lassen will, Ziegen und Schafe vornehmlich, Kleinvieh eben, wie es den armen Bergbauern zukommt.«

Zu verhandeln war noch die Anzahl, und schon wurde pflichtgemäß das siebentägige Hochzeitsgelage in den Weingärten von Thimna abgehalten. Dreißig Brautgesellen wurden nach der Regel hinzugeholt, und sogleich veranstaltete Simson den ersten Streich.
»Ich sage euch ein Rätsel an«, sprach er zu den Philistergesellen, »wenn ihr in den sieben Tagen der Feier die Lösung nennt, gebe ich euch dreißig Festgewänder samt den Unterkleidern. Findet ihr die Lösung nicht heraus, gebt ihr mir dreißig Festgewänder samt den Unterkleidern.«
Da die geladenen Männer nichts von dem Vorspiel wussten, ohne dessen Kenntnis aber das Rätsel unlösbar war, konnte unser Held sich seiner Sache sicher sein:
Auf dem Weg zur Brautwerbung von Zora hinab zum Vaterhaus des begehrten Weibes hatten die Eltern den Sohn eine kurze Zeit aus den Augen verloren, sodass er unbemerkt einen Löwen zerrissen hatte wie ein Böcklein für das Schlachtopfer. Im Aas hatte sich ein Bienenvölkchen eingerichtet, an dessen Honig er sich später gelabt und von dem er auch den ahnungslosen Eltern zu kosten gegeben hatte.

Die Brautgesellen indes willigten in den Handel ein in der Annahme, einer von ihnen werde das Rätsel schon lösen:
»Sag an, wir wollen raten!«, forderten sie den Bräutigam auf.
Da kam der Schelm mit dem Unlösbaren heraus, sich schon vorweg an ihrer Entblößung weidend und sich auch Zorn und Rache ausmalend, die entfesselt werden sollten:
»Vom Fresser kam Speise und vom Starken kam Süßes.«
Natürlich war die Lösung, fußend auf eben der vorausgegangenen geheimen Begebenheit mit dem Löwen, unmöglich.
Mit dreister Drohung erpressten daher die bösen Burschen die ahnungslose Braut:
»Überrede deinen Mann, das Rätsel zu enthüllen, sonst werden wir dich und deines Vaters Haus verbrennen!«
Da weinte Simsons Weib an seinem Hals sieben Tage lang und warf ihm vor, sie lieblos für seine Machenschaften missbraucht zu haben, sodass er erweichte und das Ratespiel verbittert mit den anzüglichen Worten preisgab:
»Hättet ihr nicht mit meinem Kalbe gepflügt, so hättet ihr mein Rätsel nicht herausgefunden.«
Allerdings war der Preis zu zahlen, und der Geist Jahwes trieb den »názir« bis nach Askalon, wo er dreißig Philister erschlug und mit ihren Gewändern die Schuld beglich.
Noch brennend im Zorn kehrte der starke Held nach Zora zurück, um im Fall eines Landsmannes sein Richteramt zu versehen.

»Ich verdächtige meine Frau der Untreue«, klagte ein Mann aus dem danitischen Feldlager, »denn der Geist der Eifersucht ist über mich gekommen.«
»Gibt es Zeugen?«, fragte Simson nach.
»Nein«, antwortete der Ehemann, »ertappt worden ist sie nicht.«

»Bring dein Weib zu mir«, befahl der junge, kluge Richter, »ich will sie hören.«
Erstaunt über die Umgehung des alt-überkommenen Gesetzes, nach dem im Fall des Ehebruchsverdachts das »Gottesurteil« vorgeschrieben war, befolgte der Danite dennoch die Weisung.
Auch Simson wurde sein Verfahrensfehler bewusst. Noch erschöpft von dem Philisterstreich und der ruhmlosen Rolle als »názir« Jahwes setzte er sich gedankenversunken unter die Therebinte der Richtstätte.
Sein unter heißen Tränen flehendes Weib von Thimna kam ihm, begehrenswerter denn je, in den Sinn, als er über das Gesetz aus alten Steppen- und mosaischen Wüstenzeiten nachsann:
War ein Mann auf seine Frau eifersüchtig, konnte aber ihre Untreue nicht nachweisen, sollte sie dem Priester und der urtümlichen Praxis des »Gottesurteils« überlassen werden. Wenn er die Gesetzeslage jedoch gründlich bedachte, verlor sich der Ursprung dieser Vorschrift eher in mesopotamisch-altorientalischen Welten. Das Verfahren der Alten stand ihm vor Augen:

Die Frau muss sich vor Jahwe, also vor dem Altar aufstellen und ihr Haupthaar frei herabhängen lassen. Der Priester legt vom Ehemann eingebrachtes Gerstenmehl als Eifersuchtsspeiseopfer, das Schuld anzeigen soll, in die Hände der Angeklagten; in den eigenen hält er im Tongefäß fluchbringendes, heiliges Bitterwasser und spricht der Frau den Selbstverfluchungsschwur vor:
»Wenn du einem anderen Mann neben deinem eigenen beigewohnt hast, mache dich Jahwe inmitten deines Volkes zu einem Beispiel der Selbstverfluchung, indem er

deine Hüfte einfallen und deinen Bauch anschwellen lässt, wenn dieses fluchbringende Wasser zur Bitternis in deine Eingeweide eingeht.« Wenn die Frau den Schwur mit den Worten
»Amen, amen«
bestätigt hat, nimmt der Priester das Eifersuchtsspeiseopfer aus ihrer Hand, schwingt es vor Jahwe und lässt es auf dem Altar in Rauch aufgehen. Danach soll die Frau das Wasser trinken. [20]

Das Wort »bitter« in der übertragenen Bedeutung vom »bitter sein des Todes« ging Simson noch durch den Sinn, als der Danite sein Weib vor ihn brachte.

Der junge Richter setzte sich unter der Therebinte auf und wandte sich in leisem Ton an die Frau:
»Dein Mann klagt dich an, ihm untreu zu sein.«
»Zu Unrecht«, sprach die Beschuldigte mit verhaltener, aber fester Stimme, »ich bin ihm treu.«
»Nun«, sagte Simson wie für sich, »Zeugen der Anklage gibt es nicht.« Er sah den Kläger an und forderte ihn auf:
»Denke nach! Wodurch ist der Geist der Eifersucht über dich gekommen?«
Der Mann vom Stamme Dan antwortete freimütig:
»Wenn ich meinem Weib beiwohne, spüre ich Verachtung; das kann ich nicht mehr ertragen.«
Darauf fragte der Richter die Frau:
»Bist du deinem Mann noch liebevoll zugewandt?«
Und sie erwiderte ebenso offenherzig:
»Mein Mann ist grob geworden; er wohnt mir bei in jäh aufflammender Begierde, auf hartem Boden, schnell und ohne Rücksicht.«

Simson beendete die Vernehmung mit dem Richterspruch: »Gemäß dem Gesetz Moses kann der Mann seiner Frau einen Scheidebrief ausstellen, wenn er sich von ihr trennen will.«

Als der junge Richter wieder allein unter der Therebinte saß, dachte er an sein Weib in Thimna und sehnte sich nach ihr. Hatte nicht auch er ein Anrecht auf das Wohlbefinden mit Frau und Kindern, ruhend in der Familie, auf ein Menschenleben, wie es üblich ist auf der Erde? Hatte Gott den Kindern Israel nicht »Ruhe« verheißen in Kanaan?
Der junge Mann aus dem Stamme Dan sann nach:
Zeit seines Lebens ließ er die Lockenfülle seines Haupthaares ungeschoren, trank er weder Wein noch andere berauschende Getränke, war er eben ein »názìr«, ein »Nasiräer«, ein Jahwe Hingegebener, empfangsbereit für seinen Geist, der in ihm die übermäßige Körperkraft bewirkte. Aber hatte nach altüberlieferter Regel dieses Los der »Weihung« nicht auch seine Zeit und ein Ende vor dem Tod? Gab es nicht die Entbindung, konnte er nicht abschwören, das Haar scheren am Begegnungszelt und im Opferfeuer auf dem Altar verbrennen, sodass die Weihezeit abgeschlossen war, wie es die Nasiräer-Regel vorsah? [21]
Allerdings erinnerte er sich auch an die rätselhafte Ankündigung seiner Geburt, von der ihm die Mutter erzählt hatte: Allein auf dem Feld habe sie gearbeitet, als ein namenloser Fremder unversehens ihre Schwangerschaft angesagt habe, ihr geheimnisvoll und furchterregend den Verzicht auf Weingenuss auferlegt habe, denn ein »názìr« Jahwes werde er sein vom Mutterleib an bis zum Tage seines Todes.
Wieder kam ihm das Bild seiner Lieblichen aus dem Philisterstädtchen vor Augen. Unvoreingenommen betrachtet,

war sie zweifach missbraucht worden: von ihm als Opfer für den »Philisterstreich« und von ihren Landsmännern als Erpressungsopfer; nur zu berechtigt waren ihre Tränen gewesen.
Der Zorn im Herzen Simsons erlosch, und in den Tagen der Weizenernte sprach er mit einem Ziegenböcklein beim Vater der Liebgewonnenen in Thimna vor:
»Ich will zu meinem Weib hinein in die Kammer.«
Ihr Vater wehrte ihm mit ungespieltem Bedauern:
»Ich dachte, du seiest ihrer völlig überdrüssig geworden, und so habe ich sie deinem Brautgesellen gegeben.«
Dass er noch von seiner jüngeren, noch schöneren Tochter sprach, nahmen die erschütterten Sinne des jungen Mannes nicht mehr auf. Das Mädchen, das er lieb gewonnen hatte, war ihm entrissen worden, und der Geist Jahwes tat seine »umtreibende« Wirkung nun nach dem Grundsatz der Vergeltung, wobei eine die andere nach sich zu ziehen pflegt.
Voll grimmigen Humors zahlte er den Philistern den ihm angetanen Schimpf heim. Gemäß der »Weihung« und als Held der starken Arme vermochte er nicht nur den Löwen zu zerreißen, um ein verfängliches Rätsel daraus zu machen, sondern auch dreihundert Füchse zu fangen für den nächsten Schelmenstreich, indem er sie mit brennenden Fackeln an den Schwänzen in die Getreidefelder, die Weinberge und Ölgärten der Feinde trieb.

So begann sich das Rad der Gewalt nach dem Prinzip der Eskalation zu drehen.
Als die aufgebrachten Landsmänner den Grund der grausamen Untat erfuhren, dass der Danite um sein Weib geprellt worden war, verbrannten sie Vater und Tochter mit Haus und Hof nach dem Grundsatz der Sippenhaftung, was Simson wie-

derum veranlasste, sich an den Rächern zu rächen. Wenn im Urtext steht: »Er schlug sie auf Schenkel und Hüfte«, mag er die Brandstifter gründlich verprügelt oder auch erschlagen haben.

Danach zog sich der »getriebene« Einzelgänger, erschöpft von der Heldentat, in die hochgelegene, unzugängliche Felsenhöhle von Etam zurück, die man noch heute bald nach dem Eintritt ins Gebirge zur Linken sieht, wenn man mit der Bahn von Jaffa nach Jerusalem fährt.

Die »Ruhe« für den »názír« Jahwes währte nicht lange, denn das Rad der Gewalt drehte sich weiter.

Was sich in der nächsten Szene ereignete, gab jenem Ort den seltsamen Namen »Ramath Lechi«, »Kinnbackenhöhe«.

Die Philister zogen herauf und lagerten bei Lechi im Gebiet Juda. Sie forderten die Auslieferung Simsons, um sich an ihm zu rächen.

»Du bringst uns in Gefahr«, warfen die Judäer ihrem Richter vor, »du weißt, dass der Feind uns überlegen ist.«

»Auge um Auge, Zahn um Zahn«, gab der »Geweihte« vor und fragte: »Wollt nun ihr mich töten?«

»Nein«, antworteten sie, »wir wollen dich gefesselt übergeben.«

Er ließ es geschehen. Bei dem Triumphgeschrei der Philister entlud sich wiederum die übermäßige Kraft des »názír«, begründet im Geist Jahwes, sodass die Stricke wie versengte Fäden schmolzen und der Prahlspruch Simsons noch viele Generationen von Mund zu Mund ging:

»Mit Eselskinnbacken
konnt' ich sie hacken,
mit Eselskinnbacken
schlug ich tausend Mann!«

Deshalb wurde jener Ort »Ramath Lechi«, »Kinnbackenhöhe« genannt, an dem Simson, als die Fesseln abgefallen waren, einen harten Eselskiefer fand und ihn als Schlagwaffe benutzte.

In einer weiteren Ortsüberlieferung hielt der Name »Lechi« (Kinnbacken) die Heldentat als Heilsgeschehen im Gedächtnis, denn als den ermatteten Recken der Durst plagte, sei aus einem Felsgebilde, das einem Eselskiefer ähnele, Quellwasser hervorgekommen, um den Geist des starken Mannes wieder aufleben zu lassen.

Zwanzig Jahre, so weiß die Überlieferung, habe Simson das Richteramt Israels versehen, sonst aber reiht sie die heilsmächtigen Taten des Nasiräers episodenhaft auf.

Wieder spielte eine Frau hinein, wenn der »Umhergetriebene« seinen unerschütterlichen Mut in Gaza, der »Höhle des Löwen«, unter Beweis stellte. Bedenkenlos kehrte er in das Haus einer Hure ein, in dem die Heiligkeit des Gastrechtes Schutz vor den Verfolgern bot, um dann bei Nacht wieder zu entkommen, indem er Flügel und Pfosten des Stadttores aushob und sie auf den nach Hebron hinüberschauenden Berg trug.
So verfährt Jahwe, will die Überlieferung wohl sagen, in der Person seines Nasiräers mit den Feinden, den Philistern.

Dann kam das Ende.

Simson gewann im Tal Sorek ein letztes Mal ein Mädchen lieb; es hieß Delila. Der »Umtriebe« im Jahwe-Geiste mit ihren todbringenden Possenspielen müde, legte der starke

Recke aus dem Stamme Dan sein Haupt in den Schoß der Geliebten und machte seinem Herzen Luft:
»Meine Liebe, du weißt, wie berühmt-berüchtigt meine Kraft unter deinen Landsleuten in der Küstenebene und bei den fünf Fürsten der Philister ist, aber du kennst auch meine Schwäche in der Zärtlichkeit zu dir. Das Richteramt, zu dem ich berufen bin, mag sich noch angenehm in unser Verhältnis fügen, mein Los als Nasiräer nicht, das weiß ich wohl. Jahwe, der Gott meines Volkes, hat vom Leib meiner Mutter an das geheimnisvolle Charisma über mich verhängt, lebenslänglich ein ›názír‹ zu sein, gebunden an den Verzicht auf Haarschnitt und Weingenuss.«
Die reizvolle Delila sah hinab auf die Lockenpracht ihres Helden, die sich über ihren Schoß bis zum Boden ergoss, und fasste die Gelegenheit beim Schopfe, die sich ihr aus solcher Erschöpfung und Öffnung des Herzens bot, denn die Philisterfürsten steckten schon hinter der Landsmännin, und Geld erwies sich stärker als Liebe. So war die Schöne für tausend und einhundert Silberstücke schon zur Verräterin an ihrem Herakles, wie die Achäisch-Kretisch-Stämmige [22] Simson schelmisch nannte, geworden.
»Mein schöner, starker Heros«, sprach sie, »wenn du mich liebst, dann sage mir auch, woraus deine maßlose Kraft erwächst.«
Er antwortete wahrheitsgemäß:
»Ich meide das Schermesser.«
Denn der kluge Richter fühlte in seinem Herzen, dass die hinreißende Delila ihn bereits verraten hatte, und der im Jahwe-Geiste Getriebene war ermattet und hatte die tödlichen Possenspiele sterbenssatt. So lieferte er sich der Lieblichen und ihren Landsleuten aus. Der Tod mochte ihn von Opfer und Leid erlösen.

Nachdem er das Geheimnis seiner übermenschlichen Kraft preisgegeben hatte, schlummerte er im Schoß der Geliebten.
Sie schor seine Lockenpracht und übergab den Kraftlosen gegen den ausgemachten Preis an seine Feinde.
Die Fürsten der Philister übten furchtbare Rache für erlittene Schmach; sie legten ihm eherne Fesseln an, stachen ihm die Augen aus, und im Gefängnis von Gaza, der Stadt des letzten Streiches, musste er die Handmühle drehen.
Das Haar auf seinem Haupt aber wuchs nach im Laufe der Zeit.
Als die Philister und ihre Fürsten zu Ehren ihres Gottes Dagon ein großes Opferfest feierten, besannen sie sich der Possen, die er ihnen gespielt hatte, und riefen ihn als Spaßmacher hinzu. Danach wurde er zwischen den Mittelsäulen der Festhalle dem versammelten Volk gezeigt. Die Menge pries ihren Gott mit den Versen:
»Unser Gott hat gewandt
Simson in unsere Hand,
der zur Wüste gemacht unser Land,
unser viele gestreckt in den Sand.«
Der »názír« Jahwes, Possenreißer und Richter Israels, überdachte sein ruheloses Los, umhergetrieben im feindlichen Volk und entschloss sich, endgültig sein Leben zu opfern. Mit wiedergewonnener Kraft im Geiste Jahwes stemmte er sich gegen die tragenden Säulen der Festhalle, bis das Dach über ihm und den Feinden einstürzte.

Seine Brüder kamen von Juda herab und legten den Toten zwischen Zora und Eschthaol im Grabe seines Vaters Manoach zur Ruhe.

»Empfang des Herakles auf dem Olymp«

Neben dem geschichtsträchtigen Sermon eines volkstheologischen Überbaus bleibt der Rückblick auf einen Getriebenen der Liebeslust und des Jahwe-Geistes in feindlicher Fremde, auf ein einsames Menschenleben ohne Familie und Nachkommen, dem erst der Tod Ruhe gegeben hat.

2. Teil

Wenn wir auf die Bildungsgeschichte Karl Friedrichs, gesondert nach der Lebenswende als die eines ägäischen Inselresidenten, sehen, blicken Erzähler und nach ihm auch der Leser auf das erste Jahrzehnt im dritten Jahrtausend zurück. Nach dem ersten Teil der »Inselzeit«, der wesentlich eine gesonderte dreiwöchige Urlaubszeit des Bremer Bankkaufmanns füllt, soll nun in einem zweiten aus der Zeit eines gewandelten Insellebens berichtet werden und dabei auch die eine oder andere Notiz aus nordländischer Vergangenheit nachgetragen werden, soweit sie sich für unseren Helden als erinnerungsträchtig erweist.

Der Einschnitt oder die Ankündigung von Lámbi

Von der prächtigen Sicht aus dem Studier- und Schreibstübchen des neu errichteten Inselhäuschens war schon die Rede. Hinzu war seit Beginn der »Gottesbeschäftigung« die Ausstattung des Raumes selbst gekommen. Von Jahr zu Jahr waren Paketsendungen vom Bremer Buchladen zu öffnen und theologische Fachliteratur sach- und griffgerecht zu ordnen.

Die Übersicht der Bücher verzeichnete schließlich die grundlegenden Bände der wissenschaftlichen Reihen ATD (Altes Testament Deutsch) und NTD (Neues Testament Deutsch), Veröffentlichungen der religionsgeschichtlichen Schule, von Bultmann in Marburg gegründet, bis zur Tübinger Schule in den 1990er Jahren, zu denen sich manch andere namhafte Theologen wie Barth, Bornemann, Hengel usw. und auch literarische Formen gesellten, etwa im Stil der Josefs-Geschichten Thomas Manns, einer Tetralogie, die 16 Jahre Schreibarbeit mit sich brachte und den Autor bewog, Goethe zu zitieren: »Höchst liebenswürdig ist diese natürliche Geschichte, nur erscheint sie zu kurz, und man fühlt sich versucht, sie in allen Einzelheiten auszuführen.« [23] Was Thomas Mann dann auch in vier Romanen bewerkstelligte. Als das so mit Büchern und Schriften überladene Arbeitszimmer den Residenten und Ruheständler an das seines Vetters aus nordischer Zeittiefe denken ließ, trat Besuch ein. Es war Georgia, die Inselvertraute, und, als gehöre sie zum Haus, entäußerte sich Karl Friedrichs seiner Gedanken in dem Seufzer: »Gerade kommt mir seit drei Jahrzehnten Vergangenes in den Sinn: das ebenfalls mit Büchern und Schriften überladene Arbeitszimmer meines gleichaltrigen Vetters während seiner philosophischen Dissertationsarbeit.«

Die Eingetretene hatte anderes im Sinn und sprach: »Ich möchte dir Wichtiges sagen – am Glitzerstrand von Lámbi; wir können den Bus nach Kámbos noch erreichen. Du kannst mir von deinem Vetter erzählen und ich dir von einem Lebenseinschnitt.«
Nach kurzer Busfahrt und halbstündigem Gang über sanfte Hügelhänge kam Georgia vor buntem Kieselmosaik unter kaum vernehmbarer Meeresbrandung auf die Erinnerung ihres Begleiters an ein bücher- und exzerptebeschwertes Arbeitszimmer aus 30-jähriger Zeitentiefe zurück:
»Du sprachst von der Promotion deines Vetters; ihr seid gleichaltrig, wie du erwähntest?«
»Zehn Tage ist er vor mir geboren«, antwortete der Inselvertraute, »in bergig-buchenwaldbestandener Landschaft. Die Weser, die sie durchfließt, gibt ihr den Namen ›Weserbergland‹. Aus langer Chronik von früher Kindheit bis zu Heirat und Beruf mögen ausgewählte, geraffte Andeutungen von Leid- und Abenteuergeschichten unsere brüderliche Vetternfreundschaft belegen:
Zehn Tage lagen, wie gesagt, zwischen unseren Geburten. Als wir siebzehn waren, starben kurz nacheinander seine zweijährige Schwester und seine Mutter. Drei Jahre später festigten gemeinsame Reisen durch Italien und Griechenland unsere Vetternfreundschaft. So kam Vetter Yorick mir bei einer nächtlichen Autopanne wie selbstverständlich zu Hilfe, obwohl die Anfahrt über zwei Stunden dauerte.
Schließlich heirateten wir kurz nacheinander; allerdings zeugte er zwei Söhne, während ich nach sieben Jahren wieder

geschieden war. Yorick promovierte im Fach Philosophie und lehrte als Dozent der Didaktik bis zu seinem frühen, tragischen Tod im Wald, als wir erst 43 Jahre alt waren.«
»Auch ich habe eine traurige Nachricht«, griff die Lámbi-Begleiterin die Schlussworte auf, »obwohl sie für mich gleichwohl mit einem Freudenschimmer verbunden ist: Ich ziehe um. Nicolas, mein Mann, ist nun im Ruhestand und hat ein Haus im schmucken Vorort Kifísia, im Norden Athens, gekauft. Ein Leben in Athen steht bevor mit Zeit zu reisen.

Der Christusläufer

Die zweite Septemberhälfte war angebrochen und somit die beste Reisezeit, und auch unser »Theologos im Zeitwohlstand« beschloss zu reisen, jedoch mit dem ausgemachten Ziel Kenchreä, dem antiken Hafen Korinths, dessen Ruinen nach zwei Jahrtausenden unter flachem Meeresspiegel sonnenbestrahlt zu funkeln vermögen.
War der Beschluss auch in gewisser »Lámbi-Nachricht« begründet, so die Wahl des Reiseziels doch in theologischer Beschäftigung.
Hatte sich mit beginnender Residentenzeit in der »Simson-Geschichte« der Held vom Stamme Dan, als Nasiräer und Gottesstreiter unausweichlich zur Selbstentäußerung bestimmt, in schwer auslotbaren Zeitentiefen jüdischer Geschichte verloren, kam nun dem griechischen Inselhaushocker beim Gedenken an die schon lange vergangene »Augerinos«-Runde ein »Christusläufer« in den Sinn und die Feder, der zwar auch von seinem Gott ohne Widerspruchsrecht erwählt, aber historisch exakt zu fassen war in den überlieferten Briefen aus persönlichem Diktat.
Zudem weist das Lebenswerk dieses kilikischen Tuchmachers und Pharisäers Sha-ul mit dem römischen Namen Paulus aus der Mitte des ersten Jahrhunderts weit in die Jahrtausende europäischer Geistes- und Kulturgeschichte hinein.
Begründet ist sein Wirken in einer Apokalypse vor Damaskus Anfang des 4. Jahrzehnts unserer Zeitrechnung. Diesen Urgrund nennt er »Evangelium« und dokumentiert die

gute Nachricht von der paradigmatischen Erscheinung des am römischen Kreuz gestorbenen Galiläers Jesus von Nazaret in authentischen Briefen. Sein Zeugnis richtet sich an Menschen, denen in ihrer ungefähren irdischen Zeitspanne schmerzlich bewusst ist, sterben zu müssen.

Am Schluss seines letzten, theologisch ausgreifenden »Briefes an die Römer«, mit Recht als geistiges Testament anzusehen, fiel dem Leser Karl Friedrichs der reizvolle Name Phoebe in die Augen, einer treuen Mitstreiterin und »Schwester in Christo« in paulinischer Gemeinde von Kenchreä, eben jenes Hafenortes des antiken Korinth, wo Paulus während seines letzten dreimonatigen Aufenthalts besagten Römerbrief verfasst und der vertrauten Phoebe als Botin übergeben hat.

So dachte der Insel-Flüchtige, das im Meer versunkene Kenchreä im Bunde mit dem hübschen Namen »Phoebe« könnte die schriftstellerische Annäherung an das Werk des urchristlichen Missionars begünstigen.

Dabei war ihm die inzwischen unübersehbare Zahl theologischer Abhandlungen bewusst, die der umtriebige Läufer für den neuen Christusglauben nach sich gezogen hat im Laufe von nahezu zwei Jahrtausenden. Schon Jakobus, Zeitgenosse Pauli und leiblicher Bruder Jesu, genannt der Gerechte, befasst sich mit der paulinischen Rechtfertigungslehre vom Heil allein aus Glauben, indem er die Werke als wesentlich herausstreicht.

Die Anreise vom entlegenen Patmos nach Korinth erleichterte ein Ausflugsdampfer, der Besucher des Johannes-Klosters nach Kos zurückbrachte und Karl Friedrichs den Inlandsflug Kos–Athen noch am frühen Abend ermöglichte.

»Turm der Winde« in der Plaka von Athen

So sehen wir den Inselflüchtigen nach der Lámbi-Mitteilung noch zur rechten Abendmahlzeit am Tisch der Taverne »The Five Brothers« vor der römischen Agorá mit Blick auf den »Turm der Winde« und den erleuchteten Akropolis-Hügel: an einem feinen Plätzchen also, dem auch das vorzüglich bereitete Lammfilet samt empfohlenem Rotwein entsprach. Der flotte Expressbus E95 hatte ihn bis Sýntagma gebracht und ein fünfminütiger Fußweg in die Apólonos-Straße zum Hotel »Aphrodite«, in dem er ein Zimmer zur Rückseite reserviert hatte.

Noch vor seiner Bestellung näherte sich ein Paar von der Agorá her; der Mann war besonders im Verhältnis zu seiner Begleiterin von großer Gestalt und trug auffallend zum schwarzen Jackett eine weiße Hose. Den Kopf bedeckte eine Schirmmütze, während an der deutlich kleineren Frau die ausladend gelockte rotbraune Haarpracht hervorstach.

Sie hielten am Tisch inne und sahen den einsamen Gast mit dem tageszeitlichen Gruß »Kalispéra« fragend an, sodass Karl Friedrichs mit seitlich geneigtem freundlichem Lächeln und entsprechender Geste auf die freien Plätze am Tisch wies.

Das Paar aus dem Schwäbischen schwärmte von Naxos, wo es zwei Wochen verbracht hatte, und erinnerte den Tischnachbarn an die Naxos-Geschichten des Riekchen aus der in Zeitentiefen versunkenen »Augerinos«-Runde und malte so unserem Helden das Bild einer verflüchtigten Zweisamkeit auf sonnenwarmem Felsinselchen bei Gríkou vor Augen, bis ihn die Frage des Tischgenossen aufschreckte »Und was führt einen Mann in fortgeschrittenem Alter allein nach Athen?«

»Es ist das Reiseziel Korinth.«, vermochte der in die Gegenwart Zurückgefundene dann doch zu antworten und ergänzte: »Genauer gesagt Kenchreä, der vom Meer überspülte Hafenort des antiken Korinth.«

Als sich darauf zwei gespannt forschende Augenpaare auf ihn richteten, schob Karl Friedrichs in einem kurzen Bericht nach, es gehe ihm um den biblischen »Römerbrief«, den Paulus dort 56 n. Chr. geschrieben und der Griechin Phoebe aus Kenchreä als Botin nach Rom anvertraut habe, sodass er in zweitausendjähriger Überlieferung abendländische Kultur beeinflusst habe. Der Kern der Predigt sei die Metapher vom Innewohnen des Gottesgeistes im natürlichen Menschen und die damit verbundene Verwandlung im irdischen Leben und dem danach in eine nicht beschreibbare »Geistgestalt«.

»Einen ähnlichen Inhalt«, warf die rotbraun gelockte Tischnachbarin ein, »könnte man auch unserem heutigen Tagesausflug unterlegen; wir waren in Eleusis, wo der Schleier des Mystischen einen fünfzehnhundertjährigen Geheimkult umgab. Dennoch gilt als sicher, dass Tod und Wiedergeburt Themen der Weihung im Tetesterion, der heiligen Weihestätte, waren.«

»Auch der Mythos um die Naturgöttin Demeter«, ergänzte ihr Begleiter, »der zentralen Figur in den Eleusinien, beschäftigt sich mit dem Todesmotiv. Einer Sage nach entführt Pluton, Gott der Unterwelt, Persephóne, die Tochter Demeters, in sein Reich des Todes. Als im Jahr darauf durch die Trauer der Mutter die Erde unfruchtbar bleibt, erschrickt Zeus und sendet Hermes zu Pluton. Ein ausgehandelter Kompromiss erlaubt der Tochter, zwei Drittel des Jahres bei der Mutter zu leben, und die Erde ist wieder fruchtbar.

So symbolisiert der Hymnos aus dem 7. Jh. v. Chr. die Wiedergeburt der Natur im Frühling nach ihrem Tod im Winter und auch die Sehnsucht des Menschen nach Unsterblichkeit.«

Dies Stichwort griff der Patmos-Flüchtige auf und betonte: »Auch den unermüdlichen ›Christusläufer‹ aus hellenistisch-antiken Zeiten, dem ich als Kenchreä-Besucher nachlaufe, treibt die Sehnsucht, den Tod zu überwinden, wenn er bekennt: ›Ist Jesus nicht aus dem Tod auferweckt worden, bin ich umsonst gelaufen‹, oder wenn er seufzt: ›Ich wollte, ich könnte schon bei Christo sein.‹

Lamm und Wein der Pláka-Taverne »The Five Brothers« mit Blick über die römische Agorá zum »Turm der Winde« und hinauf zum erleuchteten Akropolis-Hügel waren, wie gesagt, vorzüglich und auch das Zimmer zur Rückseite in der 6. Etage des Hotels »Aphrodite« bot für Athener Nächte ungewöhnliche Ruhe. Als eine Schulglocke nebenan den Unterrichtsbeginn anmahnte, verrichtete Karl Friedrichs schon die Morgentoilette, sodass ihn einige Stunden später das eigentliche Reiseziel in seinen Bann nahm.

Kenchreä, der östliche Hafen des antiken Korinth, ist heute nach zweitausend Jahren im Meer versunken und mit ihm auch das Haus jener Achaiarin, deren Name unserem griechischen Inselbergbewohner beim Studium des »Römerbriefs« beeindruckte. Der Fährte dieser verlässlichen Gottesschrift folgend, schaute er nun versonnen an der Ostküste Achaias auf altes, vom Meer überspültes Gestein, das einst ein blühender Hafenort und Wohnsitz besagter Kyría Phoebe gewesen war. Der Jude und Schriftgelehrte Sha-ul, von Beruf Tuchmacher und als Missionar bekannt unter dem Namen Paulus, hatte sich ihr sehr verbunden gefühlt und ihr sein letztes großes Vermächtnis, den »Brief an die Römer« anvertraut.

Karl Friedrichs versuchte sich ein Bild zu machen aus dem Steinegefunkel unter sonnenglitzerndem Meer, indem er die wenigen Anhaltspunkte aus paulinisch-brieflicher Quelle nachvollziehbar zusammenfügte: Paulus war demnach ein willkommener Gast im Haus der Kyría Phoebe, das wohl genügend Raum bot für christlich-paulinische Mahlgemeinschaften. Wann und wie sie sich zum Christus-Glauben bekehrt hatte, erfährt der Briefeleser nicht; eine Mitstreiterin des unermüdlichen Christus-Läufers war sie sicher, wenn ihre Villa für die Gemeindeversammlung offen stand und Paulus ihr seinen letzten, umfangreichsten, inhalts- und bedeutungsschwersten Brief, einem geistigen Testament gleich, anvertraute, damit sie ihn der Gemeinde in Rom überbrachte.

Weiter versuchte unser Wahlgrieche historisch verantwortbar zu mutmaßen: Ein Vertrauensverhältnis ist auch auf Zeit aufgebaut, und so scheint es angebracht, dass die Korintherin dem eigenwilligen Verkünder des neuen Glaubens schon vor seiner korinthischen Gemeindegründung begegnet war, vielleicht schon in Antiochia, der syrischen Handelsmetropole am Orontes, als Paulus und Barnabas noch die Gemeinden dort bis etwa 50 n. Chr. geleitet hatten. Eine Handelsreise mochte sie an den Orontes geführt haben, denn die Größe ihres Hauses, das die Versammlung der Gemeinde fasste, zeigte Wohlstand an, der in der Antike häufig auf geschäftlicher Umtriebigkeit beruhte. Auf ihre Weltgewandtheit im Rahmen des römischen Reiches wies auch ihr Wohnsitz in der Hafenstadt Kechreä, dem bedeutenden Handelsknotenpunkt zwischen Rom und den östlichen Provinzen, sodass Paulus sein geistiges Testament für die Römer bei ihr in guten Händen wusste.

Karl Friedrichs sah also vor den Toren Korinths durch das gleißende Glitzern des Meeres unter griechischer Sonne wie durch 2000-jährige Zeitentiefe in die Antike des Jahres 56 n. Chr. hinab. In dem quirligen Hafentreiben fiel ein Handelsschiff auf, das neben Weizen aus Sizilien auch mit dem berühmten Achaja-Wein, in großen Tonkrügen sturmsicher verstaut, beladen wurde. Für die Passage nach der Provinz Syria war zudem ein Reisender angesagt, der in Korinth mit seiner neuen Glaubenslehre für Aufsehen gesorgt hatte. Ein Vierteljahr lang hatte er ein letztes Mal in dieser weltgewandten Stadt gelehrt und gemahnt in den Hausgemeinden und sein letztes authentisches Dokument, den »Brief an die Römer«, beendet, das als Gottesschrift in alten Handschriften, Drucken und Übersetzungen auf Papyrus und Papier sorgsam über Jahrtausende überliefert werden sollte.

Wohl hatte er den Gemeinden in Rom seinen Besuch angekündigt, sogar darüber hinaus bekräftigt, von ihnen aus bis ans Ende der Welt (Spanien) zu gehen, um des neuen Glaubens willen, aber es zog ihn nach siebenjähriger Mission als selbstständiger Prediger und Apostel von der römischen Provinz Asia bis Achaia nun doch noch einmal in die Stadt Davids, das heilige Jerusalem, um einen Vertrag einzulösen, der 49 n. Chr. dort auf dem richtungsweisenden »Apostelkonzil« mit den Häuptern der Urgemeinde geschlossen worden war. Ihr Vorstand Jakobus, leiblicher Bruder Jesu und Nachfolger im Amt des Petrus, hatte Paulus gleichsam als apostolische »Spätgeburt« in die Heidenmission entlassen, obwohl er für die Verkündigung seines »Christus-Glaubens« die Beschneidung und die mosaischen Ritualgesetze abgelehnt hatte. Dieser Vertrag des Jerusalemer

Konzils enthob den Heidenmissionar bei seiner Bekehrungsarbeit von der Beachtung der »Tora«, des mosaischen Gesetzes, so wie er es gefordert hatte, legte ihm dafür aber auf, der verarmten Juden-Christen in der Urgemeinde Jerusalems zu gedenken, wenn er in westlichen Welten neue, wohlhabendere Gemeinden gründen würde.

Gewissenhaft hatte der ehemalige pharisäisch-rigide Gesetzesstreiter und in der Damaskus-Vision gewendete Sha-ul die Auflage in siebenjähriger Missionsarbeit beachtet, hatte den Klingelbeutel gerührt in Philippi, Thessalonich und Korinth, bis er nun prall und voll war für die Übergabe an die »Recht-Geborenen«, die mit ihrem Gott und Christus noch menschlich verkehrt hatten als mosaisch Beschnittene. Und so stand dem Juden Paulus der Sinn nach den »Christus-Brüdern« seines Volkes mehr als nach den Brüdern und Schwestern der römischen Gemeinden. Aber er hatte sein briefliches Vermächtnis an die Gemeinden Roms beendet und die Papyri der ihm von Herzen zugetanen Phoebe und treuen Mitstreiterin in Christo in großem Vertrauen übergeben. Der Reisebeutel samt Spendengelder war gepackt, als nun nicht er, sondern sie ihrem Herzen in Predigt und Mahnung freien Lauf ließ: »Bruder Paul, ich bitte dich, geh nicht nach Jerusalem! Den ›Opferstock‹ können auch andere überbringen in deinem Namen; gerne würden angesehene Männer der Korinther und auch nordgriechischen Gemeinden für dich den Dienst tun. Erinnere dich an die Nachstellungen deiner jüdischen Volksgenossen und ihrer Synagogenleiter! Sieh die Narben an deinem Körper, die Auspeitschung und Steinigung hinterlassen haben, Auswüchse fanatischen Zorns und Hasses, weil dein Christus in Kopf und Herz der Gläubigen den Platz ihrer Tora eingenommen hat!

Rom wartet auf dich. Seine Gemeinden möchten dich sehen, nicht mich, und deine Lehrgedanken aus deinem Munde hören.

Was zieht dich nach Jerusalem, wo der Klerus dich zu töten trachtet, weil du ihr Tempelgeschäft samt Privilegien gefährdest? Als Jesus euren großen Mose in den Schatten stellte und den Tempelkult verwarf, ließ die herrschende Priesterschaft des Synedriums ihn, denunziert als Gesalbten und Königsthron-Prätendenten Israels, durch die Römer ans Kreuz binden, und Bruder Stephanos wurde wenige Jahre später in Jerusalem sogar gegen römisches Recht gesteinigt.«

»Liebe Phoebe«, entgegnete der gewendete Sha-ul, noch ermattet vom Diktat des umfassenden Lehrbriefes, »es ist mein Volk, es ist das Volk unseres Gottes, der als der Mensch Jesus von Nazaret in Israel gelebt hat, als Jude unter Juden, beschnitten wie ich unter dem Gesetz Moses«.

Traurig sah die Griechin ihren Herold Christi an und seufzte verhalten: »Bin ich nicht deine ›Schwester in Christo‹, Mitstreiterin für deine Glaubenslehre wie Titus, den du damals vor sieben Jahren auf eurem Konzil in Jerusalem den Uraposteln provozierend als unbeschnittenen ›Bruder in Christo‹ vorgestellt hast? Sie hängen neben ihren Jesusgeschichten weiter an Tempel und Tora. Du predigst allein das Kreuz, das Tempel- und Tora-Kult aufgehoben hat, das Kreuz, in dessen Zeichen dein Gott Abrams nach Leiden und Sterben neues persönliches Leben erschafft. Du hast uns Griechen den wundervollen Glauben gelehrt, der von Schuld, Leid und Tod befreit, und du willst für deinen gekreuzigten Gott noch von Rom aus bis ans Ende der Welt, nach Spanien gehen. Jerusalem aber ist dafür die falsche Richtung; dort hast du nicht nur mit Ablehnung und Gegenwehr, sondern mit dem Tod zu rechnen, denn wie Jesus auch bedrohst du Macht und Wohlstand der Priesterkaste, der sich deine Urapostel-Genossen offenbar noch im Tempelbesuch und in Tora-Observanz fügen, um in Jerusalem überleben zu können.«

»Ich weiß das wohl«, klagte der Gottesläufer, geschwächt durch unermüdliche Aufopferung für die gegründeten Gemeinden, durch Krankheit, Kerker und fünfmalige Synagogalstrafe von vierzig Peitschenhieben weniger eine, »aber ich gehöre zu diesem Volk, das doch Gottes Volk ist, erwählt aus den Völkern und von Gott mit der Tora beschenkt« – »die du als abgelöst predigst«, konnte sich Schwester Phoebe nicht enthalten einzuwenden.

Doch Bruder Paulus setzte seinen Satz unbehindert fort: »Einem Volk, dem auch Jesus, als Jude beschnitten, angehört hat.« Und nach wohl gedankenschwerem Schweigen stellte er fest: »Ich muss selbst nach Jerusalem. Aber um deine Besorgnis zu mildern, die mir doch wohltut, bedenke: Ich bin Jude und Römer, den nur ein römisches Gericht verurteilen kann.«

»Wer Köpfe und Herzen der Menschen verändert, weiß, dass er nicht ohne Feinde bleibt«, beendete die kluge Griechin ihre Mahnrede.

Auch wenn unser Hellas-Resident geneigt war, den neutestamentlichen Geschichtenerzähler und Evangelisten Lukas an dieser Stelle unbeachtet zu lassen, so bestätigt seine »Paulusgeschichte« doch die Befürchtungen Phoebes. Denn in seiner Apostelgeschichte begannen die judaistischen Nachstellungen Pauli schon, bevor das gebuchte Handelsschiff die Segel in die Syria hisste, sodass er auf Umwegen über Mazedonien und Asia reiste, wobei er klugerweise auch die große Handelsmetropole Ephesus mied, in der er drei Jahre für seine Glaubenslehre vom »Kreuz Christi« gestritten hatte.

Karl Friedrichs, der bei seinem Korinther Nachsinnen vor glitzerndem Meeresgefunkel auf Spuren der bewundernswerten Kyría Phoebe gestoßen war, hielt dafür, dass durch sie als treue Botin und Dolmetscherin gemäß der Vergabe Pauli sein letzter Brief ins Lateinische römischer Gemeinden gebracht worden ist. Als Spurensucher Gottes in hellenistischen Gefilden gedachte er auch der beschwerlich-gefahrvollen Seereise und der Aufopferung für das übertragene Amt als Testamentsvollstreckerin einer Glaubenslehre, die die Welt verändert hat.

Auch wenn die Präambel des Briefes eindrucksvoll die Römer als Adressaten benennt, überkommt dem Leser oder Hörer der theologischen Abhandlung Pauli doch der Eindruck, als habe der Autor auch andere Personenkreise im Sinn; und das mochte Karl Friedrichs ihm auch zugestehen im Hinblick auf seine Jerusalemer Mission. So wendet der Diaspora-Jude aus Tarsus und Christus-Gläubige die Gesetzesfrage so sehr hin und her, dass zeitweilig schwer auszumachen ist, welches »Gesetz« gemeint ist, die »Schrift« überhaupt samt Propheten und Psalmen, der Pentateuch, die fünf Bücher Mose als Tora, das Bundesgesetz vom Sinai mit oder ohne priesterliche Kultvorschriften oder gar nur die zehn Ethik-Gebote, vielleicht auch »römisches Recht« oder schlicht das Naturgesetz.

Luther, ausgehend von der Tora, hat es sich einfach gemacht, wenn er seinen Paulus ins Deutsche dolmetscht: Christus ist das »Ende« des Gesetzes und für das griechische Wort »telos« sagt Luther eben guten Mutes »Ende«, wobei es aber eher »Ziel« oder »Erfüllung« meint. Nun hat Paulus in diesem Kernsatz sicher das »Gesetz Moses«, die »Tora« im Sinn, die nun einmal gottgegeben ist, exklusiv einem auserwählten Volk zu seinem Heil. Sha-ul von Tarsus, der Gelehrte der

»Schrift« weiß das aus eifriger Studienzeit, und der Gott der Väter kann nicht Bund und Heilszusage kurzum aufheben. So hält er lehrhaft dafür, Gott habe die Tora auf Christus hin aufgestellt, dass sie durch ihn »erfüllt« würde.

Aber haben der Fischer Simon, genannt Petrus, und Jakobus, der Bruder Jesu, dem gewandelten Pharisäer nicht aus der »Jesuszeit« erzählt, etwa von der Szene mit der Ehebrecherin, die so eindrücklich im Gedächtnis bleibt, in der Jesus das »Steine werfen« gegen Frauen verbietet, die einem Verliebtsein neben der Ehe nachgegeben haben? Dem steht das »Gesetz Moses« etwa in Num 5, 11 ff. mit dem »Eifersuchtsgesetz« oder gar mit den Ehegesetzen in Deu 22,20 f. mit der Weisung entgegen:

»… ist das Mädchen nicht als Jungfrau erfunden worden, so soll man sie vor die Türe ihres väterlichen Hauses hinausführen und die Männer ihrer Stadt sollen sie zu Tode steinigen …«

Erfüllt nun Jesus »das Gesetz« oder hebt er es auf? Wobei in solchem Fall sich doch berechtigter Zweifel aufdrängt, ob eine mosaische Rechtspflege dieser Art mit Gottes Willen und des Menschen Würde vereinbar ist. Müssten nicht auch dem Schriftgelehrten und gesetzeskundigen Pharisäer Paulus an der Stelle Bedenken gekommen sein, anstatt »das Gesetz« als vollkommen und dem schlechthin sündigen Menschen als unerfüllbar vorzustellen, außer er ist im Geiste Christi erneuert?

Oder wie verhält es sich bei den »Ritualgesetzen«, den sonderbaren Speise- und Reinheitsvorschriften, deren Missachtung durch Jesus Szenen der Evangelien dokumentieren, weil sie den Jüngern und Begleitern einprägsam im Gedächtnis geblieben sind? Erfüllt Jesus sie oder setzt er sich über sie hinweg?

Haben die Weggefährten Jesu dem gewendeten Saul nicht vom Gebot der Feindesliebe berichtet, dessen Gegensatz zum mosaischen Banngesetz in Deu 20, 16 f. nicht schärfer sein könnte, nach dem in eroberten Gebieten nicht nur alle Männer, sondern auch alle Frauen und Kinder zu ermorden sind?

Aber Paulus hält es bei seinen Erwägungen im »Brief an die Römer« nicht mit dem deutschen Reformator. So will er seine Volksgenossen und auch die alte Garde der Jerusalemer Judenchristen nicht vor den Kopf stoßen und versucht die Sache des Gesetzes mühsam hin- und herzubewegen. Dabei weiß er, dass er in Jerusalem, der Hochburg des Tempelkults und des Gesetzesgehorsams, als Feind ausgemacht ist. Die Front zwischen dem »Christus-Läufer« und den Machteliten in Jerusalem und Rom war längst eröffnet.

Die Herrenfrage

Da mochte Karl Friedrichs, gedankenversunken in korinthischem Meeresglitzern, die gute Phoebe bei ihrer Dolmetscherei ins Lateinische nicht beneiden. Und so war kaum das Präskript des Briefes vor der Gemeindeversammlung in römischer Villa verlesen, als ihr Besitzer Criticius Bedenken vorbrachte gegen gewisse imperatorische Attribute für den »Christus«:
»Offensichtlich spricht Bruder Paulus die königliche Abstammung Jesu aus dem Geschlecht Davids an und betont, er sei als ›Sohn Gottes eingesetzt in Macht‹. Eine solche Sprache kommt unserem Cäsar und Gott hier in Rom besser nicht zu Ohren, denn wie der mosaisch-jüdische ist auch er ein eifersüchtiger Herr und Gott: Sollte da ein neuer Imperator und Gott die Bühne der ›Macht‹ betreten, und sei es auch nur im Geiste, in den Köpfen und Herzen der Menschen? Die Anspielung auf eine Inthronisation mit den königlichen Vokabeln ›eingesetzt‹, ›in Macht‹ und ›Sohn Gottes‹ tut nicht gut hier im theokratischen Rom, wo der Imperator sich auch als ›Sohn Gottes‹, als ›Erlöser‹ und ›wahrer Gott‹ darstellt. Wie ihr wisst, liebe Schwestern und Brüder in Christo, hat sich Kaiser Augustus noch als ›soter‹, als göttlicher Erlöser und Heiland, verehren lassen. Wenn nun ein anderer Gott verkündet wird, trifft das römische Machtbefindlichkeiten. Verzeih, Schwester Phoebe, dass ich deine Lesung unterbrochen habe«.
»Zu Recht«, sagte die Griechin, die ihren Paulus fest in Kopf und Herz verwahrte und wies auf die spätere Ansage hin,

»staatliche Macht« nicht zu provozieren, sondern um des Gewissens willen Steuern zu zahlen. [24]« »Aber richtig ist«, bestätigte sie, »Paulus stellt in einem gerafften Bekenntnissatz Jesus als ›Herrn‹ und ›Christus‹ vor, eingesetzt in Macht nach seiner Auferweckung. Vor diesem Traditionsgut aus Jerusalemer Apostelzeit steht der grundlegende Glaubenssatz ›Jesus ist auferweckt worden‹, dem dann frühe Predigt sehr schnell das Bekenntnis beifügt, ›den Gott zum Christus und Herrn erhöht hat‹. So hat Bruder Lukas, der Paulus zeitweise auf seinen Reisen begleitet, Quellenmaterial für eine geplante Geschichte der Jesus- und Apostelzeit gesammelt und mit der ersten Petrus-Predigt gezeigt, dass die Würdetitel ›Christus‹ und ›Herr‹ Ausdruck der Bekenntnissprache sind: Aus Jesus, dem Verkünder der Basileia, der Königsherrschaft Gottes, ist der verkündigte Christus geworden, indem die Messias-Erwartung nach den ›Schriften‹ auf ihn bezogen worden ist. Ihr wisst«, erläuterte die kundige Griechin, »dass die Bezeichnung ›Christus‹ die lateinische Übersetzung des aramäischen Königstitels ›mesiha‹ ist, der in der Jesuszeit mit Eifer erwartet worden ist.

Als Vertraute unseres Bruders Paulus konnte ich aus der Lukas-Recherche die Jerusalemer Petrus-Predigt einsehen, so dass wir sie mit dem gedrängten Bekenntnissatz am Briefbeginn vergleichen können:

›Ihr Brüder‹«, zitierte die Gesandte aus Korinth die Petrus-Rede nach Lukas, »›ich darf über den Stammvater David freimütig zu euch sagen …‹«. Der römische Hausherr Criticius, als Gottesfürchtiger ehemals langjähriger Besucher der Synagoge, wandte ein: »Der Stammvater Israels war Jakob samt seiner zwölf Söhne«.

»Sicher«, gab die weise Griechin zu, »Bruder Petrus bezieht den ›Stammvater‹ hier wohl auf Jesus«, und setzte die über-

kommene Petrus-Rede fort »›… dass er, d. i. David, gestorben ist. Da er nun ein Prophet war‹« »König«, berichtigte Criticius wieder, »David als grausam-begnadeter Kriegsherr war König und Nathan sein Prophet.«
»Sicher«, wiederholte sich die Gesandte des Paulus und fuhr fort »›… und wusste, dass ihm Gott mit einem Eide geschworen hatte‹« »Hat Jesus nicht verboten zu schwören?«, kam noch ein letzter Einwurf, nach dem Phoebe dann aber die überlieferte Jerusalemer Predigt zu Ende brachte:
»›Also, dass ihm, dem David, Gott geschworen hatte, aus der Frucht seiner Lende jemand auf seinen Thron zu setzen, hat er vorausschauend geredet über die Auferstehung Christi, dass er weder im Totenreich gelassen ist noch sein Fleisch die Verwesung gesehen hat. Diesen Jesus hat Gott auferweckt, wofür wir alle Zeugen sind. Nachdem er nun zur Rechten Gottes erhöht worden ist und den verheißenen Heiligen Geist vom Vater in Empfang genommen hat, hat er das ausgegossen, was ihr da seht und hört‹ – gemeint ist wohl das sogenannte ›Zungenreden‹«, ergänzte Phoebe und zitierte dann den Psalm Davids, mit dem Petrus den Schriftbeweis angebracht hat:
»Denn nicht David ist in die Himmel hinaufgefahren; er sagt vielmehr selbst:
›Der Herr sprach zu meinem Herrn:
Setze dich zu meiner Rechten,
bis ich hinlege deine Feinde
als Schemel für deine Füße!‹
So möge nun das ganze Haus Israel mit Gewissheit erkennen, dass Gott ihn zum ›Herrn‹ und zum ›Christus‹ gemacht hat, diesen Jesus, den ihr gekreuzigt habt.‹ [25]
Die Aussage ist klar: Petrus deutet die Erscheinung des gekreuzigten Jesus als Inthronisation in himmlischer Macht-

stellung, angezeigt mit den Hoheitstiteln ›Sohn Gottes‹, ›Christus‹ und ›Herr‹. Paulus hat also Tradition aus frühem ›Christus-Bekenntnis‹ in Formelsprache übernommen. Als Deutungsgrund mag sich auch der 2. Psalm angeboten haben, wo für den verheißenen Befreier vom Zion die Titel ›Messias‹, ›König‹ und ›Sohn Gottes‹ verwendet werden, wenn es heißt:
›Könige und Fürsten ratschlagen
Wider den Herrn
Und seinen Messias....
Habe doch ich meinen König eingesetzt
Auf Zion, meinem heiligen Berge!
Mein Sohn bist du;‹
Petrus und nach ihm Paulus haben die jüdischen Königstitel ›Messias‹ und ›Sohn Gottes‹ auf den nach seinem Kreuzestod erschienen Nazoräer Jesus übertragen, indem sie sich als Juden auf jüdische Schrifttradition berufen, um zu überzeugen.
Entsprechend verweist auch das formelhafte Bekenntnis zu Beginn unseres Briefes auf die Nathan-Verheißung vom ewigen Königtum Davids unter dem ›Sohn Gottes‹.« [26]
»Demnach«, warf der Hausherr Criticius ein, »beinhaltet frühchristliche Verkündigung das Heil Israels im davidischen Königtum. Was soll uns Römern eine solche Verheißung? Ich habe mich von der Synagoge abgewandt, da ich als Unbeschnittener an dem verheißenen Heil, gesondert für Israel, keinen Anteil habe. Neben dem Beschneidungsritual schreckt mich die politische Verkettung im Gottesglauben.«

»Wenn wir unseren Briefeschreiber und gewendeten Sha-ul verstehen wollen«, holte die kundige Botin aus, »müssen wir wissen, dass er nach seiner ›Damaskus-Apokalypse‹ zwei Wochen lang bei Petrus in Jerusalem zu Besuch war; wobei allerdings über Instruktionen nichts bekannt ist.

Sehen wir uns die Formulierung noch einmal genau an:
Paulus schreibt programmatisch über den ›Sohn‹, der aus der Nachkommenschaft Davids hervorgegangen ist, nach dem Fleisch, der eingesetzt ist zum ›Sohne Gottes‹ voll Macht nach dem Geist der Heiligkeit kraft der Auferstehung von den Toten: Jesus Christus, unser Herr ... [27]

Es fällt auf, dass Paulus den königlichen Ehrentitel ›Christus‹ zum schlichten Eigennamen umfunktioniert und betont ›Herr‹, den Hoheitsnamen Gottes, einsetzt. Und das hat er besonders für Rom auch mit Bedacht getan; denn was soll den Römern ein endzeitlich gesalbter König aus dem Hause Davids?
Allerdings leitet sich der Gottesname ›Herr‹ ebenfalls aus jüdischer Schrifttradition ab, etwa im Gotteswort nach Jeremia:
›Siehe, es kommen Tage, so spricht der Herr, da werde ich dem David einen gerechten Spross erwecken, der wird als König herrschen ...
Und das ist der Name ...:
›Der Herr unser Heil!‹ [28]
Ich bin auf die Hoheitsbezeichnungen für die Erscheinung des am Kreuz gestorbenen Nazoräers deswegen ausführlich eingegangen, weil sie für Paulus überwiegend austauschbar sind.«

An dieser Stelle brachte der gottesfürchtige Römer und Eigentümer der Villa Bedenken vor:

»Für die Übertragung des Gottesnamens ›Herr‹ sehe ich ein Problem. Aus früheren Synagogenbesuchen weiß ich, dass die Anrede ›Herr‹ als Tetragramm ›JHWH‹ unaussprechbar ist. Wird die Einzigkeit Gottes nicht verletzt, wenn im Namen des Herrn auch der ›Christus‹ verehrt und angebetet wird?

Ich erinnere mich an eindringliche Mahnungen in unseren heiligen Schriften, nach denen allein Gott die kultische Verehrung als ›Herr‹ zusteht:
›Ich bin der ›Herr‹ und keiner sonst, ein rettender Gott ist nicht neben mir‹, heißt es in den Psalmen [29]
Und Joel schreibt:
›Jeder, der den Namen des Herrn anruft, wird gerettet, denn auf dem Berge Zion wird Rettung sein. [30]
Nun aber schreibt Paulus:
›Wenn du Jesus als den ›Herrn‹ bekennst, wirst du gerettet‹ [31] und übernimmt dann den eben vorher zitierten Joel wörtlich: ›Jeder, der den Namen des Herrn anruft, wird gerettet‹ [32].
Welcher ›Herr‹ ist im Brief gemeint: Gott oder Jesus?«
Überkam angesichts solch dreister Frage unserem Seher in die Brunnentiefe der Geschichte aus dem Meeresglitzern und -funkeln am Gestade von Kenchreä wohl ein Bangen um die griechische Überbringerin des Briefes, so wusste diese doch ihren Paulus verständlich zu machen, auch wenn die Gottesfrage der »Zwei Herren« unlösbar zu sein schien.

»Bruder in Christo«, antwortete die Griechin, »zu Recht weist du auf einen wichtigen Eckpunkt im Gottesverständnis hin, in dem die vier Konsonanten ›JHWH‹ aus altjüdischer Tradition die Unaussprechbarkeit des Gottesnamens anzeigen. In dem Sinne drücken auch die austauschbaren royalen Prädikate ›Christus‹, ›Herr‹ oder ›Sohn Gottes‹ für die Erscheinung Jesu nach seinem Tod die Ratlosigkeit aus, in unserer Welt aus Raum und Zeit von einer Seinsweise im Geist außerhalb von Raum und Zeit zu sprechen.

Ich erinnere mich an ein Textsegment aus einem Gemeindebrief an Philippi, in dem Paulus eindringlich diese schwerwiegende Gottesangelegenheit von der Kýrioswürde Jesu bedenkt und in schwieriger Semantik die ›Isotheía‹, wie wir Griechen sagen, d. h. die Gottgleichheit reflektiert, wenn er schreibt:
›Er hielt das ›Gott-gleich-Sein‹ nicht für Raubgut[33], wobei das Stammwort ›Raub‹ in diesem Zusammenhang irritiert und den Leser einer gewissen Aporie überlässt.
Aber wir müssen bedenken: Paulus versucht hier das Mysterium der Inkarnation Gottes zu erfassen, ein Motivfeld, das sich unserem gewöhnlichen Sprachgebrauch entzieht. So bleibt nur die Sprache der Mystik für die geistgewirkte Verwandlung aus metaphysisch-pneumatischer Seinsweise in die irdische des Menschen aus Sarx und Soma, aus Leib und Seele.«

»Aber«, wandte der römische Gastgeber ein, »entspricht dieses Motiv der Metamorphose oder verborgenen Epiphanie nicht dem Muster der Verhüllung von Gottwesen in menschlicher Gestalt, wie es in griechisch-römischer Dichtertradition aufgegriffen worden ist? Denken wir an den Gestaltwandel des Dionysos bei Euripides oder die Götteradvente in Ovids ›Metamorphosen‹, wo sich unsere Göttergrößen Jupiter und Merkur bei einem Inkognito-Besuch in Menschengestalt von Philemon und Baucis bewirten lassen.«

»Ach ja«, schmunzelte die gute Phoebe, »dazu gibt es eine amüsante Parallelgeschichte aus der Provinz Galatien, wo Barnabas und Paulus aufgrund ihres wundersamen Auftritts als Götter angesehen werden und Paulus nur mit Mühe Opferdarbringungen abwehren kann. Natürlich hält man ihn für Merkur, da er das Wort führt, wie wir uns denken können.

Aber ernsthaft lässt sich der Gebrauch des Verwandlungsmotivs bei Paulus nicht auf unsere polytheistische Mythologie zurückführen; vielmehr drängen sich als Bezugsfeld mystische Erscheinungen aus altjüdischer Schrifttradition auf, wenn wir den paulinischen ›Christushymnus‹ zu Ende lesen.«

Der Hausherr, in dessen Villa die Gemeinde versammelt war, hatte sich kurz zurückgezogen, hielt nun eine Papyrusrolle in der Hand und sagte: »Dieses ›Christuslob‹ im Brief an Philippi scheint der grundlegende Versuch zu sein, das ›Jesusereignis‹ im fernen Palästina zu deuten. Da ich bemüht bin, Abschriften von Paulusbriefen zu sammeln, habe ich auch den an deine Landsleute im Norden übersetzen lassen und lese diesen für das Gottesverständnis so gewichtigen Hymnus einmal vor:
›Christus Jesus hielt es, als er in Gottes Gestalt war, nicht für einen Raub, wie Gott zu sein, sondern entäußerte sich, indem er Knechtsgestalt annahm und den Menschen ähnlich wurde; und der Erscheinung nach wie ein Mensch erfunden, erniedrigte er sich selbst und wurde gehorsam bis zum Tode, ja, bis zum Tode am Kreuz. Daher hat ihn auch Gott über die Maßen erhöht und ihm den Namen geschenkt, der über jeden Namen ist, damit in dem Namen Jesu sich beuge jedes

Knie ... Und jede Zunge bekenne, dass Jesus Christus ›Herr‹ ist, zur Ehre Gottes, des Vaters.‹« [34]

»Auch in Briefen an uns, die Korinther«, ergänzte Kyría Phoebe, »übereignet Paulus dem Christus Jesus den Gottesnamen ›Herr‹ und Gott die Gebetsanrede ›Vater‹ und hebt neben der Hoheit Jeshuas [35] als Ebenbild Gottes sogar seine Teilhabe an der Schöpfung hervor mit den Worten: ›Es gibt für uns nur einen Gott, den Vater, von dem alle Dinge sind und wir zu ihm und einen Herrn, Jesus Christus, durch den alle Dinge sind und wir durch ihn.‹ [36]

Bei solch zwielichtiger Definition des überkommenen einen Gottes als Zweiheit ist Aporie unvermeidlich. Steht dem Doppelbekenntnis zu Gott als ›Vater‹ und Christus als ›Herr‹ doch die Mahnung im Gesetz Moses entgegen, den einen Gott Israels als ›Herr‹ zu verehren; der Aufruf ist deutlich:
›Höre Israel, der Herr, unser Gott, ist ›ein Herr‹.‹ [37]
Dennoch wollen wir uns bemühen, die Gottesrede Pauli zu verstehen. Zwei Dinge, denke ich, müssen wir nachsehen: Für den Äon des Geistes haben wir in der Endlichkeit aus Raum und Zeit keine Begrifflichkeit.
Und der am Kreuz gestorbene Jeshua aus Nazaret ist Paulus nach eigenem Bekenntnis in ›Geistgestalt‹, in der ›Doxa Gottes‹ erschienen. In dem Sinn wollen wir die zweigliedrige Bekenntnisformel aufnehmen.

Und schließlich, lieber Criticius, lässt sich das Verbundensein Gottes mit seinem Geschöpf ›Mensch‹ eindringlicher versinnbildlichen als in dem von dir zitierten Hymnus an die Philipper?«

»Aber«, bedachte der Kritizist im Geiste unseres Guckers vor sonnenglitzerndem Meeresgrund, »wie halten wir es dann mit dem frühen Jerusalemer Predigtgut von der ›Parusia‹ [38] Jesu in der göttlichen Würdegestalt des ›Christus‹ oder ›Herrn‹? Der aramäische Gebetsruf ›Maranatha‹, übersetzt mit ›unser Herr, komm!‹, ist auch bis Rom gedrungen.«

Die Paulus-Vertraute griff die Bedenken auf:

»Ach ja, der gute Petrus wollte schon zu Lebzeiten seines Lehrers nicht so recht auf dessen Worte hören, wenn er von Leid, Tod und dessen Überwindung sprach, anstatt von der Herrschaft des ›Christus‹ [39]. Und ebenso wurde die ›Nach-Todes-Erscheinung‹ Jesu in erster Predigt im Sinne seiner Wiederkehr gedeutet [40] gemäß der Gottesrede in Psalmensprüchen, in denen Gott seinen ›Christus‹ und ›Sohn‹ als König einsetzt auf dem heiligen Zion zur Herrschaft über die Welt. [41] Ein besonders wichtiger Einsetzungsspruch beginnt mit der Aufforderung Gottes:

›Setze dich mir zur Rechten!‹

Gefolgt von der Zusage:

›Dein ist die Herrschaft am Tage deiner Macht.‹ [42]

Liebe Schwestern und Brüder im Glauben«, seufzte die Botin aus korinthischer Gemeinde, »wer will es Bruder Paulus verdenken, wenn er als jüdischer Schriftgelehrter ebenfalls heiliges Traditionsgut aufgreift, um sein einschneidendes Damaskus-Erlebnis, die Erscheinung Jesu in doxischer Gestalt, zu deuten? Ich erinnere mich an eine apokalyptische Belehrung in seinem ersten Brief an unsere Gemeinde in Korinth; er entwirft ein endzeitliches Geschichtsbild, in dem er den Psalmenspruch vom Pantokrator ›Christus‹ auf die Hoheitserscheinung Jesu mit dem wörtlichen Zitat überträgt: der ›herrschen muss, bis er alle Feinde unter seine Füße gelegt hat.‹ ⁽⁴³⁾

Diese Auslegung seiner Apokalypse in royal-messianischer Tradition deutet sich auch zu Beginn des Briefes an euch mit der Wortwahl ›… eingesetzt voll Macht: Jesus Christus, unser Herr‹ an, bei der unserem Bruder Criticius schon anfangs etwas unwohl war; zu Recht, denn ein solcher Sprachgebrauch von Macht und Herrschaft führt auf politisches Feld und damit in die Irre: Welcher Feind wird ›unter die Füße gelegt‹? Paulus nennt in unserem Brief den Tod als letzten Feind, nach dessen Unterwerfung ›Gott alles in allem sei‹. Und das ist eine andere Dimension gemäß des Zeugnisses Jesu, sein Reich sei nicht von dieser Welt. Und davon, wie gesagt, können wir Menschenkinder in unserem irdisch-endlichen Äon keine Vorstellung haben. So muss politisch-royale Zuordnung auch im symbolischen Sinn fehlschlagen und besonders die Einordnung in ein endzeitliches Geschichtsbild in die Irre führen. Paulus hat dann späterhin das Parusía-Thema samt seines eschatologischen Weltbildes auch vernachlässigt und sich mit der Lehre vom ›Sein in Christo‹ der Mystik und Innerlichkeit zugewandt.

Was ist ›Endzeit‹ anderes als das Ende der Zeit für uns mit unserem Tod. Und danach, so sagt Paulus, wird ›Gott alles in allem‹ sein. Auch in seinem Brief an euch verwischt sich zum Ende hin der Würdetitel ›Herr‹ in Bezug auf Gott und Christus, wenn er schreibt, Christus sei Herr über Lebendige und Tote und gleichzeitig Jesaja zitiert: ›So spricht der ›Herr‹, mir wird sich beugen jedes Knie, und jede Zunge wird Gott preisen‹ ⁽⁴⁴⁾ und daraus den Schluss zieht: ›Also wird jeder von uns für sich selbst ›Gott‹ Rechenschaft geben müssen‹. [45]

Entsprechend sind in frühen Gemeinden die Jesusworte bewahrt: ›Ich und der Vater sind eins‹ oder ›niemand ist gut außer Gott, dem einen‹ [46].

Demgemäß relativiert auch unser ›Bruder in Christo‹ und unermüdliche ›Christus-Läufer‹ die Errichtung eines Lehrgebäudes, wenn er im Brief an euch seufzt: ›Wie unerforschlich sind Gottes Entscheidungen und unausdenkbar seine Wege!‹ und den Glaubenssatz hinzufügt: ›Denn aus ihm und durch ihn und zu ihm hin sind alle Dinge.‹« [47]

»Einer solchen Rede von Gott«, meinte der Römer, »kann ich gut beipflichten, denn diese neue ›Christusverheißung‹, nach der Leid und Tod überwunden werden, war für meine Abkehr als ›Gottesfürchtiger‹ von der Synagoge maßgebend, wo das Gotteswort dem Abram eine große Nachkommenschaft verheißt, aber über sein Grab in Mamre nicht hinausreicht. Und zum ›Gottesvolk‹, dem Land und Frieden zugesagt wird, könnte ich nicht gehören, da ich den Beschneidungskult ablehne. So bin ich in unsere ›ecclesía‹ [48] eingetreten, wo ich nach den Worten Pauli auf ein ›Bürgerrecht bei Gott‹ hoffen kann.«

Diesen Beweggrund vermochte jeder der Versammelten bei sich in Wahrheit wiederzuerkennen. »Ja, ja«, klang es aus der Versammlung heraus, »wer möchte sich schon als bloßes Zufallsprodukt der Evolution verstehen, das sich unvorhersehbar wieder in Nichts auflöst?«

Dem Gastgeber und ehemals »Gottesfürchtigen« aber stellte sich neben der »Herrenfrage« eine weitere zu einem gewissen »Formelsatz« vor Augen, als er bedachte:

»Liebe Kyría Phoebe, hinsichtlich deines eben gebrauchten Begriffes ›Lehrgebäude‹ erscheint mir noch ein formelhafter Ausspruch im Brief sehr sonderbar, wonach Gott Christus eingesetzt habe zum ›Sühnmal in seinem Blut‹, verbunden mit der seltsamen kausalen Verkettung, weil er versäumt habe, Sünden bis zu diesem Zeitpunkt zu bestrafen.« [49]

Das Sühnblut

Auch unser Held am versunkenen altkorinthischen Hafengestade mit Blick in das Meeresgefunkel der Zeitentiefe gottesschriftlicher Tradition wurde erschüttert von solch überladener Formelrede. Besorgt fragte er sich, ob die gelehrsame Paulus-Schülerin auch bei dieser zweiten Nachfrage des römischen Kritizisten Rat zu geben wusste. – Sie wusste, indem sie hervorhob, dass der Verfasser des Briefes mit dem vornehmlich jüdischen Namen Saul ein Schriftgelehrter sei; und so greife er bei der Bildung von Bekenntnis und Lehre auf levitisches Traditionsgut zurück, auch wenn ihm das Gesetz Moses nach seiner Damaskus-Erfahrung in einem anderen Licht erscheine. Diesen schriftgebundenen Sprachgebrauch bezeugt besonders die Textstelle, die unserem scharfsinnigen Bruder Criticius durch formelhaften Stil und befremdliche Wortwahl aufgefallen ist. Dem so Gelobten zulächelnd, fuhr sie fort:»Ich will versuchen, diese zweite geprägte Lehrformel verständlich zu machen:
Das Briefzitat ›Christus ist eingesetzt als Sühnmal in seinem Blut‹ macht für sich gesehen ratlos; erst Analogie zur Schrift schafft die nötige hermeneutische Vorgabe gemäß des überlieferten Jesuswortes zu seiner Todesübernahme:
›Es muss erfüllt werden, was geschrieben steht.‹« [50].

»Ach ja, die Schrift, die Schrift«, seufzte der Römer zwischendrein.
»Ja«, fuhr die Griechin fort, »hier gibt die Priesterschrift Rat. Die Rolle des Blutes dokumentiert das Buch ›Leviticus‹ mit

der Feststellung: ›Blut erwirkt Sühne, weil im Blut die Seele wohnt.‹ [51]

Aufgrund eines solchen Axioms entfaltet sich der Sühnekult, zelebriert von Priesterhand im Tempel von Jerusalem. [52] Ihr wisst vielleicht, liebe Schwestern und Brüder, dass sein Allerheiligstes die sogenannte ›Bundeslade‹ birgt, in der der Gott Israels wohnt. Ihre goldene, mit Cherubinen besetzte Platte besprützt der Hochpriester mit dem Blut eines jungen Bockes, das Israel, schuldig durch Gesetzesbruch, entsühnt. Diese Cherubinenplatte heißt im hebräischen Text ›kapporet‹, im griechischen ›ilastirion‹, übersetzt mit ›Sühnmal‹. Der Formelspruch ›… eingesetzt als Sühnmal in seinem Blut‹ hat also seine Analogie im Tempelkult von Jerusalem«.

»Ich habe aber«, bedachte Criticius, »von einer Tempelrevolte Jesu gehört, wonach er dieses hochpriesterliche Treiben wohl abgelehnt hat. Wie lässt sich danach die Funktion des bluttriefenden ›Sühnmals‹ auf den am römischen Kreuz gestorbenen Nazoräers Jesus übertragen? Und grundsätzlich frage ich: Bindet Gott als Souverän seine Vergebung aus Gnade an vergossenes Blut in numinöser Kultveranstaltung?«

»Es ist wohl so«, erwiderte Phoebe, »dass die von Paulus übernommene Lehrformel juridisches Denkmuster des Leviten voraussetzt. Vernunftmäßig können wir die stellvertretende Schuldübernahme oder -tilgung durch ein Sühnopfer nicht nachvollziehen. Und das konnte wohl auch schon der Prophet Micha nicht, wenn er kritisch nachfragt:

›Hat Gott Wohlgefallen an Widdern oder gar Erstgeborenen als Sühne für eigene Sünden?‹ und antwortet mit dem Gotteswort: ›Es ist dir gesagt, o Mensch, was gut ist und was der Herr von dir fordert: nichts als Recht üben und die Güte lieben und demütig wandeln vor deinem Gott.‹ Dann lobt er den Gott, der Schuld vergibt und Freude daran hat, gnädig zu sein. [53]

Nach Prophetenmund will Gott demnach keinen Opferbock zur stellvertretenden Schuldübernahme, bindet seine Güte und Gnade nicht an Opferblut in einem Kultspektakulum von Priesterhand, das auf ständige Wiederholung angewiesen ist, denn gelöscht werden kann jeweils nur vergangene Schuld. So erklärt sich auch die sonderbare Ergänzung Pauli zur Bekenntnisformel aus Traditionsübernahme, wenn er von der ›Schuldbefreiung bis zum Kreuz‹ schreibt.«

»Also«, griff der Kritizist und Gastgeber den Erklärungsversuch auf, »übermittelt uns der Brief demnach in knapper Formelsprache, wie die Kreuzigung Jesu in Analogie zu den Mose-Schriften gedeutet worden ist. Dieser Deutung, die Zweifel aufkommen lässt, möchte ich Grundsätzliches zur Schuldproblematik hinzufügen:
Ich definiere ›Schuld‹ als Empfinden, das mein Gewissen belastet, wenn ich jemandem Leid zugefügt habe, das nicht aufhebbar oder ausgleichbar ist. Verletzende Worte lassen sich nicht wieder zurückholen, nachdem sie die Seele des anderen gekränkt haben. Schuld aus Lieblosigkeit lässt sich nicht durch ein stellvertretendes Opfer sozusagen symbolisch aufheben. Schuld bleibt ausschließlich auf Vergebung angewiesen.«

Phoebe pflichtete dem, an die Versammlung gewandt, mit dem Hinweis bei: »Auch Jesus soll nach früher Gemeindetradition die Weisung an seine Schüler gegeben haben, Gott als Vater im Gebet um Schuldvergebung zu bitten. Hinzu kommen Hinweise, nach denen Jesus selbst souverän Schuld vergeben habe.«

»Wie konnte er dann«, warf Criticius ein, »zum ›Sündopferbock‹ gemacht werden, wenn er sich mit der ›Basileia Gottes‹ [54] in der Leid und Tod aufgehoben sind, identifiziert und gottesmächtig Schuld vergeben hat?«

»Ich ergänze deine Frage, lieber Criticius«, nahm Phoebe wieder das Wort, »wie konnte ein archaischer Sühnopferkult, auch in Jeremias Tempelrede verworfen [55], in Analogie zur Todesübernahme Jesu gebracht werden?
Ich will versuchen«, atmete die Auftragsreisende in paulinischer Mission tief durch, »wiederum Verstehenshilfe zu geben: Der Kreuzestod des Hoffungsträgers für das messianische Reich rief dringend nach einer Gegendeutung zum ›Schriftwort‹, nach dem von Gott verworfen ist, wer am Holz hängt [56] und die konnte authentisch auch nur aus der ›Schrift‹ kommen. Und die verweist auf einen ›Gerechten‹, der viel leiden muss [57], auf Propheten, die in Israel getötet werden und schließlich grundlegend auf die Verheißung des Gottesknechts in dem Gotteswort bei Jesaja:
›Durch sein Leiden wird mein Knecht viele rechtfertigen, indem er ihr Verschulden auf sich nimmt.‹ [58]
Entsprechend hat frühe Christuspredigt mit der Formel ›sterben für viele‹ den gekreuzigten Jesus mit dem Gottesknecht Jesajas identifiziert, und Paulus hat die stellvertretende Opferweihe, autorisiert durch die Schrift aus Mosesbuch, Psalmen und Propheten, in unseren Brief gebracht.

Bei genauerem Hinsehen jedoch beginnt die Übertragung der Gottesknechtverheißung auf das Jesusgeschick zu wanken, wenn man weitere Prädikationen dieses Gottesknechtes beachtet: ›… er war mit Krankheit geschlagen, sollte Nachkommen sehen und lange leben, erben unter den Großen und mit Starken Beute teilen …‹ [59]. So gekennzeichnet wird die Berufung auf die Gottesknechttradition fragwürdig.

Wie wir im weiteren Briefverlauf sehen, lässt Paulus die Verortung des Jesusgeschicks in kultischer Sühnetradition auf sich beruhen und nähert sich mit dem Begriff ›Versöhnung‹ einer anderen Deutungskategorie. Im griechischen Sprachgebrauch bezeichnen die Begriffe ›Sühne‹ und ›Versöhnung‹ unterschiedliche Sachverhalte: ›Sühne‹ weist in das Umfeld des Kults und ›Versöhnung‹ in das zwischenmenschlichen Verhaltens. Auch wenn sich zunächst beide semantischen Felder zu vermengen scheinen [60], deutet sich eine Abkehr von sühnetheologischer Deutung zugunsten eines Versöhnungszusammenhangs an. Dabei habe ich den eindringlichen Bittruf in einem späteren Brief an die Gemeinde Korinths im Sinn: ›Wir bitten an Christi statt: Lasst euch mit Gott versöhnen!‹ Das heißt, nehmt die Versöhnung an, die Gott mit dem irdischen Geschick Jesu als Selbstopfer anbietet! Gott, der Schöpfer, opfert sich, indem er in Gestalt seines Geschöpfes ›Mensch‹ leidet und stirbt als Zeichen der Verbundenheit und danach verwandelt in transzendenter Gestalt erscheint, um wiederum zeichenhaft den natürlichen Menschen in seinem Leiden und Todesbewusstsein mit sich zu versöhnen.
In dem Sinne lässt sich das Jesusereignis als Stiftung der Gotteskindschaft verstehen, in der Leid und Tod überwunden werden.«

Ein zustimmendes tiefes Seufzen: »Ja, so ist es wohl«, begleitete die Beipflichtung des römischen Gastgebers: »So wenig ich die Bekenntnisformel um den Sühnebegriff verstehe, umso mehr kann ich mich in den Glaubensgrund der Versöhnung einfinden, um das Jesusgeschehen zu deuten.«

Und Phoebe nahm den Zuspruch auf:
»Auch für Bruder Paulus selbst besteht der Heils- und Glaubensgrund in der Erscheinung Jesu ›en doxi‹, wie die Griechen sagen, also in wundervoll-geistiger Wesensgestalt. So bietet der Schöpfergott seinem Geschöpf ›Mensch‹, das sich von ihm im Bewusstsein von Leid und Tod abgewandt hat, Versöhnung an. Das ›Kreuz Christi‹ lässt sich verstehen als Mahnmal geschöpflich-natürlichen Leidens und Sterbens, dem sich Gott selbst als Mensch ausgeliefert hat als Zeichen der Verbundenheit, um den Riss zwischen Schöpfer und Geschöpf, das seufzend ›der Vergänglichkeit unterworfen‹ ist [61], zu heilen. Der abgründige Kreuzestod zeigt so, dass Gott das über dem natürlichen Leben lastende Dunkel miterleidet und in der doxischen ›Nach-Todes-Erscheinung‹ Jesu ein Zeichen des Trostes gibt im Sinne einer personalen Verwandlung im Tod zu neuer geistiger Gestalt kraft des Gottesgeistes, der aus dem Nichts neues Leben schafft. Wie Paulus nehme ich die Verheißung der personalen ›Nach-Todes-Verwandlung‹ als Gottesgeste der Versöhnung im Glauben an entsprechend des Bittrufs an die Korinther: ›Lasst euch versöhnen mit Gott um Christi willen‹!«

»Wozu also«, bedachte Criticius noch einmal, »Tod und Erweckung mit kultischer Vorstellung überladen? Ich danke dir, Schwester Phoebe, dass du den Kultgedanken so kenntnisreich erläutert hast.«

»Um der Vollständigkeit willen«, schob diese nach, »sei noch auf einen Deutungshorizont ›nach den Schriften‹ hingewiesen, in dem der Tod Jesu in den Rahmen des Bundesdenkens Israels gefasst wird, eines Denkens, in dem der Loskauf von Schuld an vergossenes Fremdblut gebunden wird, etwa wenn Ägypten und Saba für die Schuldtilgung des Bundesvolkes vernichtet werden. [62] Und falls Jesus in Bezug auf seine Todesübernahme vom ›Lösegeld‹ für die Vielen [63] gesprochen hat, so verstehe ich das Bildwort im Sinne einer Lösung aus dem Bann des Todesbewusstseins.«

»In das juridische Denken von stellvertretender Ersatzleistung«, meinte der Römer, »kann und will sich mein gottgegebener Verstand nicht finden; dagegen ist mit der Deutungskategorie ›Versöhnung‹ ein Glaubenstrost im Todesbewusstsein gegeben«.

Die Innerlichkeit

Nachdem die Gemeinde dem »Glaubensseufzer« ihres Gastgebers mit bedeutenden Gebärden zugesprochen hatte, nahm Kyría Phoebe wieder das Wort, indem sie noch einmal zusammenfasste:
»Paulus greift zwar, wie gesagt, die zwei tradierten Christusformeln des ›Herren‹ – und des ›Sühnopferkultes‹ auf, entfaltet sie jedoch nicht. Seine ›Theologie des Kreuzes‹ weist auf eine andere Deutungsebene: die ›erneuerte Innerlichkeit‹, den ›Christus in uns‹, ausgedrückt in unserer Anrede ›Schwester oder Bruder in Christo‹. Damit sind wir im Mittelpunkt des Briefes und beim Kern paulinischer Denk- und Glaubenslehre: der pneumatischen Seinsweise, die ihren Grund in dem Erscheinungserlebnis Jesu ›en doxi‹, in der Herrlichkeitsgestalt eines transzendenten Seins hat, die natürlich objektiv nicht feststellbar ist, aber lebensverändernd wirkt. So haben wir nur diese knappe Beschreibung der Erscheinung in einem Brief an die Korinther als ›Erschließung des Evangeliums der Herrlichkeit Gottes auf dem Antlitz Jesu Christi‹ [64].
In dieser Apokalypse des transmortalen Jesus erschließt sich unserem Bruder Paulus das Evangelium als Anwartschaft auf eben die Verwandlung nach dem leiblichen Tod, auf die Verheißung einer ›Bürgerschaft im Himmel‹ [65], wie er es euch und den Philippern [66] in den Brief geschrieben hat.
Nach der Übernahme des ›Herren- und Sühnekults‹ in stilistisch überladenen Formeln reflektiert er nun in seinem letzten, quasi testamentarischen Schreiben an euch das

›Christus-Ereignis‹ in der Sprache der Innerlichkeit: Der Glaubende hat im Geist am Sterben und Auferstehen Jesu teil als Sterben des alten und Werden des wesenhaft neuen Menschen.

Auch diese vertiefende Reflektion einer Theologie der Innerlichkeit hat ihren Traditionsgrund ›in den Schriften‹: Schon der Prophet Samuel verheißt Saul, dem ersten König Israels, nach seiner Salbung die Verwandlung in einen anderen Menschen. [67] Ebenso verheißen die späteren Propheten Jeremia [68], Joel [69] und Ezechiel die schöpferische Veränderung des Menschen durch das Wirken des Gottesgeistes in der Gottesrede:

›Meinen Geist werde ich in euer Inneres legen.‹ [70]
Schriftgeleitet setzt Paulus diesen Geist Gottes mit Christus seiner Apokalypse gleich [71], sodass er wechselseitig vom Pneuma Gottes und Christi oder metaphorisch von der ›Einwohnung Christi‹ spricht.

Das ist gewiss«, bedachte die gute Phoebe nach einer Pause, »Sprache der Mystik und erinnert ein wenig an die ›Einwohnung‹ Apolls in die Pythia von Delphi; aber die berauschende Ausschaltung ihres Ich-Zentrums in Ekstase ist eine andere Geschichte als die Wesensverwandlung zu einem neuen Leben, an der auch der Wille zur Lebensänderung seinen Anteil hat. Die Teilhabe am Pneuma, dem Gottesgeist, ist gebunden an menschliches Bemühen, wie Pauli Paränese aufweist. So erörtert er die ›Heiligkeit‹ als Gabe Gottes und die ›Heiligung‹ als Tun des Menschen in täglicher sittlicher Erneuerung in der Denk- und Sprachform der Dialektik, so dass das Tun des Guten aus dem ›Nus‹, dem menschlichen Geist, nicht eigenem Verdienst, sondern dem ›Pneuma‹, dem göttlichen Geist anzurechnen ist. Dabei erweist sich die neue, geistgeleitete Sittlichkeit in einer Lebensweise ohne Begehren für sich selbst in Abgrenzung zur gottlosen Umwelt aus Lieblosigkeit, Besitzorientierung und Götterverehrung in Kulten und Mysterien.«

»Ach ja«, seufzte der Römer, »da mag die Gesellschaftsfähigkeit wohl leiden, wenn ich an Gastmahlen im Tempel nicht mehr teilnehme, Hausgötter nicht mehr anrufe, wenn ich weder bei Zeus schwöre noch Verträge mit einem Opfer für Pallas Athene besiegele. Zudem sind die großen philosophischen Schulen der Stoiker, der Kyniker und besonders der Epikureer mit ihrem Lebensideal, sich individuell zu verwirklichen, in Frage gestellt.«

»Das ist so«, bestätigte Phoebe, »die Götterverehrung der Hellenen und Römer nennt Paulus schuldhafte Abkehr von Gott als Schöpfer und damit ›Ungehorsam‹. Und gewiss bedeutet es den Bruch mit dem vorherigen Leben, selbstbezogenes Streben und Begehren aufzugeben im Sinne der genannten ›Heiligung‹. Gott selbst wird dagegen zum Lebensziel auf der Fluchtlinie der enteilenden Zeit, einer kürzer und ungewisser werdenden Lebensfrist. In ihr können wir uns in der Gotteskindschaft an zwei Dinge halten: an das einzige authentische Selbstzeugnis unseres Bruders Paulus von der Apokalypsis des am römischen Kreuz gestorbenen Jeshua aus Nazaret als Paradigma der Neuschöpfung Gottes aus dem Nichts des Todes und gemäß der Vorgabe an den ›Abba-Ruf‹ im seufzenden Bitt- und Dankgebet.«

Mit diesem persönlichen Bekenntnis beendete die Überbringerin des Briefes ihre Übersetzung in verantwortbarer

Exegese, und der Reisende und Held unserer Geschichte am korinthischen Gestade wandte sich ab vom Gefunkel des meeresversunkenen Hafenortes und Wohnsitzes der Kyría Phoebe vor zwei Jahrtausenden, um im Geiste Geschautes in die Kladde zu bringen.

So finden wir ihn auf dem Stadtstrand von Kalamata, sonnengeschützt unterm Blätterdach an einem kleinen Kafenion-Tischchen wieder.

Strandzauber von Kalamata

Die zweite Hälfte des klimatisch vorzüglichen Monats September war angebrochen, als Karl Friedrichs im Strandkafenion des ebenfalls klimatisch begünstigten peloponnesischen Städtchens Kalamata unter Schatten spendendem Platanendach das Frühstück bestellte, um sich für den Beginn der Niederschrift aus der korinthischen Meeresgefunkel-Vertiefung zu stärken.
Mit dem Zug von Korinth noch am Vorabend angereist, war im Hotel Haicos, an der Strandpromenade gelegen, ein Zimmer zur Rückseite reserviert. So sehr die freundliche Bedienung hervorzuheben ist, umso weniger ist es das hoteleigene Frühstück aus Paximádi, dem Zwiebackbrot, und geschäumten Kaffee.

Die Sonne strahlte schon über glitzerndem, ruhigem Meer und wärmte mit angenehm schwachem Funkeln aus der Baumkrone die Luft. Eine Griechin mittleren Alters und von schöner Gestalt näherte sich über den schmalen Sand-Kiesstrand, und ihre liebliche Stimme ließ den einzigen Gast von seiner Kladde auf wackligem Tischchen aufblicken:
»Kaliméra«.
»Kaliméra«, erwiderte Karl Friedrichs.
»Ti thélete, parakaló« [72] folgte die freundliche Frage

Das ungewöhnlich Gewünschte wurde dem Nordländer liebreizend lächelnd aufgetragen, das Bestellte nochmals benennend:

»Oríste! Énaß kaféß me ghála, choriático, marmelada ke avgó.« [73]
Und der einzige Gast am Morgen bedankte sich herzlich: »Efcharistó polí«. [74]

Mit Blick auf spiegelglattes Meer und das Taýgettos-Massiv im Osten genoss Karl Friedrichs das von schöner Hand Gebrachte im mildesten Klima Griechenlands, erzeugt durch die südliche Lage und den Windschutz des Taýgettos.
Mit beginnender Mezedes-Zeit gesellten sich einige ältere Gäste im Strand-Kafeníon dazu, und das stille Meer davor bot ein seltsames Bild: Köpfe unter breiter Hutkrempe ragten stumm und regungslos, Pilzen ähnlich, aus der glatten Wasseroberfläche hervor. Selbst nachdem einige Gedankengänge aus zweitausendjährigem kenchreäischem Meeresgefunkel in die Kladde gebracht waren, bot sich dem Meeresgucker das unveränderte Bild der pilzköpfigen Anordnung bei erstaunlicher Wassertemperatur von 28 °C. Nur beneidenswert stabile Beinvenen der offenbar älteren Herrschaften konnten solche Standhaftigkeit zulassen, dachte der Strand-Kafeníon-Hocker, denn seinen Badeversuch bei besagten 28 °C hatten sofortige Spannungsschmerzen in den Waden vereitelt.

Solcherlei Gedanken nahm nun zur Mezedes-Zeit die Ankündigung der wiederum liebreizend lächelnden Griechin hinweg:
»Ipárchi Dolmadákia, Tonnosaláta, Ochtapódisaláta, Melitsánosaláta ke Kokokithákia tiganitá«. [75]
Karl Friedrichs bestellte gefüllte Weinblätter, Tintenfischsalat und Ouzo; natürlich gehörten Neró [76] und Psomí [77] dazu und die schöne Überbringerin war darauf bedacht, ihrem Gast das begehrte Choriátiko zu reichen.

Der bedankte sich mit herzlichem »efcharistó polí«, indem er mit ein wenig seitlich geneigtem Kopf ebenfalls lächelnd von wackligem Stuhl zu ihr hinauf sah.
Nachdem sich Begegnungen dieser Art in den nächsten Tagen wiederholten, rief zur Frühstückszeit die vertraut gewordene Stimme den einzigen Gast aus seiner zweitausendjährigen korinthischen Meeresgefunkelvertiefung in den gegenwärtigen »Strandzauber« zurück mit der Frage:
»Darf ich ein wenig neugierig auf den Inhalt ihres Schreibens sein?«
»Es behandelt die Theologie in ihren ältesten Zeugnissen vom Gottesereignis mit dem Menschen Jeshua aus Nazaret in Palästina vor zweitausend Jahren und damit das Verhältnis ›Gott-Mensch‹ überhaupt in Anbetracht dessen, dass uns unser endliches ›Sein‹ bewusst ist«, versuchte der theologische Autodidakt zusammenzufassen.
»Damit wird sich Ihre Zeit hier wohl dehnen«, meinte sie, »ich habe mir drei freie Tage genommen, um nach meiner kranken Mutter zu sehen; sie lebt allein in Engarés auf Naxos.«
»Ja«, erwiderte der so vertraut Angesprochene, »es lässt sich gut sein hier in dem ausnehmend milden Klima, und meine Niederschrift wird sicher längere Zeit beanspruchen.«

Die »Pilzköpfe« über der ruhigen Wasseroberfläche waren auch an den folgenden Vormittagen zur Stelle, aber das Empfinden, eine gewisse schöne Griechin mittleren Alters mit noch unbekanntem Namen zu vermissen, wuchs von einem Morgen zum anderen.
Am vierten Tag nach ihrem Abschied erhielt der vormittägliche Strand-Kafeníon-Hocker Nachricht:
Die Mutter Marias sei gestorben, übermittelte der Kafeníon-Besitzer, und die Tochter werde längere Zeit im ererbten

mütterlichen Haus bleiben. Sie habe ihn telefonisch gebeten, dem einsamen Frühstücksgast dies zu sagen.
Karl Friedrichs bedankte sich und erhielt auf Anfrage auch die Anschrift der Vermissten in dem Dörfchen Engarés auf Naxos.
»Maria ist also ihr Name«, dachte der Hellas-Residierende, »und sie hat mir den Grund ihres Ausbleibens mitteilen lassen«.

Das Haus in Engarés

Der Flughafen bei Messíni, zehn Kilometer westlich von Kalamata, war mit dem Taxi schnell erreicht und ebenso Athen mit dem Inlandsflug am frühen Abend in knapp einer Stunde, und so sehen wir Karl Friedrichs am Tavernentischchen bei den »Five Brothers« in Pláka wie einige Tage zuvor mit Blick über die römische Agorá zum »Turm der Winde« zur nahezu gleichen Abendmahlzeit den empfohlenen Neméa-Wein wiederum zum vorzüglichen Lammfilet genießen.

Es mag wohl sein, dass mit Überschreiten des sechzigsten Lebensjahrs bewährt Gewohntes an Vorzug gewinnt, denn auch im Hotel »Aphrodite« war das Zimmer wiederum zur ruhigen Rückseite in der 6. Etage reserviert, sodass die Reise nach ungestörter Nacht erholt fortgesetzt werden konnte. Und das war nun schon eine wichtige Voraussetzung für einen Ruheständler, der nach freiwilligen Versicherungsbeiträgen für verbliebene arbeitsfreie Jahre Rentenbezüge erhielt und dem nicht nur eine Reise ins Unbekannte, sondern auch eine schwankende Begegnung aufgrund eines gewissen Strandzaubers bevorstand.

Die »Blue Star« war für ihre Größe ein recht schnelles Fährschiff und erreichte nach ca. vier Stunden Naxos. Südwärts ging die Fahrt von Piräus aus. Zur Linken blieb der Tempel von Sunion zurück und die wundersame Welt der südlichen Ägäis war erreicht, die den Reisenden in einnehmender Weise berührt, wenn Inseln nah oder fern im gleißenden Licht aus dem Meer auftauchen und mit dem Dahingleiten des Schiffes dem Blick wieder entschwinden.

»Tempeltor« von Naxos

Und so kam das naxische Tempeltor, Willkommen verheißend, in Sicht und darüber hinaus das Kastro aus venezianischer Herrschaftszeit, thronend auf einem Häusermeer-Hügel, dem anheimelnden Boúrgos-Viertel, wie der Naxos-Besucher später erfuhr.

Es war noch früh am Nachmittag, als die »Blue Star« anlegte. Karl Friedrichs bummelte mit leichtem Gepäck vom Hafen aus die Paralía entlang und wählte aus der Fülle aneinandergereihter Tavernen schließlich die mit Balkonloge über der Paralía und Blick über Hafen und Meer. Er trat von der Parallelgasse rückseitig ein und wurde sogleich freundlich zu den ausgestellten, frisch zubereiteten Gerichten geleitet; seine Wahl einschließlich des Getränks wurde notiert und wenig später am Balkonlogenplätzchen aufgetragen.
Ein Hotelzimmer war nicht reserviert, aber von der Reling des einlaufenden Schiffes aus war ein Gebäude mit markanten Säulenbögen unterhalb der Burg mit dem Schild »HOTEL PANORAMA« unübersehbar.

Von dem schmalen Fußweg durch das Häuserwirrsal dorthin zweigten weitere gepflasterte Stege ab, die den Unkundigen in nicht gewünschte Tiefen dieses Boúrgos-Viertels am Kastro-Hügel zu führen vermochten; aber bei ungefährer Beachtung der angepeilten Richtung war das Hotel dann doch in wenigen Minuten zu erreichen.
Eine steile Treppe endete vor der halb geöffneten Eingangstür aus verziertem Glas in dunklem Holz, durch die Karl Friedrichs den schmalen, marmorgefliesten Flur des verwinkelten Altbaus betrat, der den Weg am Treppenaufgang vorbei bei schwacher werdendem Licht ins Innere zu einem kolossalen Schreibtisch in einer Nische wies.
Hinter ihm empfing eine etwa 50-jährige Frau, schwarzhaarig, in dunkel gemustertem Kleid und würdevoller Sitzhaltung mit geschäftsmäßigem Englisch, aber betont freundlich, den ankommenden Gast. Auch für zunächst eine Nacht vergab sie das bevorzugte Zimmer zur Ostseite, das von der Nachmittagssonne weniger aufgeheizt war.

Sie empfahl eine verhältnismäßig preiswerte Autovermietung, sodass Karl Friedrichs noch am Nachmittag in einem Suzuki-Kleinwagen in nordöstlicher Richtung aus Naxos-Stadt hinausfuhr.
Nach kurzer Fahrt war das fruchtbare Tal von Engarés erreicht, das Auto am Ortsrand abgestellt, und der unangemeldete Besucher, vom Strandzauber Kalamatas bewegt, stand im Hausgarten der angegebenen Adresse. Er sah versonnen zu einem prachtvollen Kirschbaum hinauf, dessen Ähnlichkeit mit dem im Garten seiner Oma ihn in die Zeitentiefe seiner Kindheit zog, so wie es der Kirschbaum in Stellas Garten zur patmischen »Augerinos«-Zeit auch schon vermocht hatte.

»Nun kommen Sie erst einmal ins Haus!«
Die vom Strand-Kafeníon her noch angenehm-vertraute Stimme holte den Angekommenen aus der Brunnentiefe seiner Vergangenheit in den naxischen Garten zurück und ließ ihn solcher Willkommensaufforderung gern folgen. Dabei umspielte ein schwarzes, rotbetupftes Seidenkleid die Hüften der vorausgehenden Eigentümerin des Hauses im Garten der Fruchtbarkeit von Engarés.

Mit der üblichen Einladung »Kaßíßte!« wies ihr zierlich-reizvoller Arm auf eine Sesselgruppe um ein Tischchen herum. Zu eingelegten Oliven und Trockenfrüchten füllte die Gastgeberin zwei Ouzo-Gläschen und sagte:
»Jiáßaß, [78] trinken wir auf unser Wiedersehen! Haben Sie ihre Niederschrift beendet?«
Auch Karl Friedrichs hob das Gläschen, schloss sich dem Wunsch nach Gesundheit und Wohlergehen, der im Griechischen »Jiáßaß« mitschwingt, an und erwiderte:

»Ja, und ich denke, ich habe damit die gesonderte Beschäftigung mit der Jesus-Geschichte als Geschichte Gottes und mit ihr gewissermaßen die mit der Theologie zu einem Abschluss gebracht.«

Beide saßen einander am runden Tischchen gegenüber und Karl Friedrichs empfand, der Sessel sei einnehmend bequem. Gleichzeitig genossen sie den Ouzo, und die Gastgeberin griff die Äußerung zur Beschäftigung auf:
»Mir bietet der Garten hier in diesem fruchtbaren Tal reizvolle Tätigkeit. Wenn Sie wollen, führe ich Sie gern herum.«
Die Gartenschau auf verschlungenen Pfaden zwischen der Fülle der Fruchtbäume und -sträucher, der Nutz- und Zierpflanzen, bot dem Nordlandflüchtigen das Bild einer gewissen undurchsichtigen Anordnung, wenn Apfel und Birne, Feige und Mandel, Orange und Zitrone, Zwetschge und Reneklode, Pfirsich und Aprikose neben vielerlei Beeren-, Gemüse-, Salat- und Kräutersorten aufzuzählen waren.
»Gut vorstellbar«, meinte schließlich der ausgiebig Herumgeführte, »dass in einem solchen Paradiesgarten genügend zu tun ist.«
»Ja«, bestätigte die Erbin all der Pracht, »aber die Arbeit in ihm ist Balsam für ›sarx‹ und ›soma‹ [79], wie der Grieche sagt.«
»Meine Betätigung in den vorausgegangenen Jahren auf dem Feld der Theologie und Schriftstellerei«, ergänzte Karl Friedrichs, »mag wohl gut für das Pneuma [80] gewesen sein; ob sie es auch für Leib und Seele war, wie Sie es von der Gartenarbeit sagen, da bin ich mir nicht sicher.«
»Ihr Hinweis auf ›vorausgegangene Jahre‹ macht mich neugierig«, schob seine Begleiterin liebevoll lächelnd ein, »aber solcherlei Nachfrage ist auf Zeit angelegt und unser Rund-

gang ist noch nicht beendet. Es gibt noch ein Weinfeld etwas abseits gelegen.«

Auf dem Weg dorthin erwiderte das Paar die freundlichen »kalispera«-Grüße der Anwohner ebenso herzlich.
Auf einer etwa 3000 Quadratmeter großen, von einer Kakteen-Hecke umrankten Fläche stand Wein von niedrigem und gesundem Aussehen. Goldfarben und kräftig sei er, meinte die Eigentümerin, und er solle, zum Haus zurückgekehrt, doch davon kosten.

Als sich beide wiederum an dem runden Tischchen gegenübersaßen, konnte Karl Friedrichs, vom nun gewohnt angenehm-körpergerechten Sessel weiterhin angetan, das angedeutete Lob nur aufrichtig bestätigen.
»Als ich Sie vorhin nach ihrer Ankunft neben dem Kirschbaum stehen sah«, nahm die Naxierin das Wort, »schienen Sie in Gedanken versunken«.
»Sie haben recht«, erwiderte er, »Ihr Kirschbaum hat mich an den im Garten meiner Oma zur Zeit meiner Kindheit erinnert.«
Nach kurzer Besinnung wechselte er das Thema und fragte: »Fahren Sie mit mir zum Essen? Ich habe das Auto am Ortsrand abgestellt.«
»An einem Tavernentisch für zwei Personen mit Meeresplätschern!«, kam die begeisterte Antwort; und als er freudig lächelnd zustimmte, schob sie nach:
»Dann fahren wir nach Ágios Geórgios.«
So saßen sie wieder einander gegenüber an einem Tisch am Strand bei leisem Wellenplätschern, wie von lieblicher Stimme angesagt, als die große Sonnenkugel langsam nach Paros hin im Meer versank.

Wichtiges war noch nicht ausgesprochen, wovon Karl Friedrichs von Kalamata her schon wusste; und so sagte er mit verhaltener Stimme: »Dass Ihre Mutter gestorben ist, tut mir leid; der Tavernenwirt in Kalamata sprach davon und erwähnte dabei auch Ihren Namen.«

Der Wein war gebracht und eingeschenkt, als die schöne Tochter der Toten im schwarzen Kleid mit dunkelroten Pünktchen erwiderte: »Der Tod meiner Mutter macht mich traurig, und ich werde es auch eine unbestimmte Zeit hin immer wieder sein. Sie starb, als das Herz aufhörte zu schlagen, wohl schmerzfrei und friedlich in ihrem geliebten Garten, wie auch mein Vater auf seinem geliebten Weinfeld einige Jahre zuvor.«
Nach einer Weile griff sie zum Weinglas und ging auf die letzte Äußerung ihres Gegenübers ein:
»Nun, da Sie meinen Namen schon kennen, sagen Sie mir Ihren!«
Auch Karl Friedrichs hob das Glas, kam der Aufforderung nach und konnte sich der Bemerkung nicht enthalten, der Name »Maria« habe einen sehr schönen Klang. So beschlossen sie »Du« zueinander zu sagen.

Vom Geórgios-Strand zieht sich stadtwärts ein Fußweg am Meer entlang und geht in die Paralía über, die weiter zwischen Jachthafen und Stadt bis zum Fährhafen verläuft.
Das schlanke Paar, das hier nach seinem Abendmahl mit Meeresplätschern lustwandelte, nahm auch noch die Dammüberquerung zum Tempeltor hinzu, und als es auf dem Rückweg die belebte Paralía hinter sich gelassen hatte, ergriff die Hand der einen die des anderen, und als beide ihren Spaziergang unterbrachen, küsste der eine sanft den Mund der anderen.

Die Eigentümerin des Hotels »Panorama« am Boúrgos-Hügel unterhalb des venezianischen Kastros empfing das Paar wiederum hinter dem kolossal-ausladenden Schreibtisch und sah in Würde lächelnd mit fragendem Blick zu ihrem Gast hinauf, so dass sich Karl Friedrichs zu kurzer Erklärung gedrängt fühlte:
»Eine Veränderung ist eingetreten, nach der ich nun um ein ›Zimmer für Zwei‹ bitten möchte.«
Als der würdevoll lächelnde Ausdruck in fragendem Blick weiter bestand, setzte der neue Gast vertrauensvoll hinzu:
»Maria und ich kennen uns seit kurzem von Kalamata her, gewissermaßen einer ›Strandzauber-Begegnung‹, und wir haben uns heute wiedergetroffen.«

Mit der Entgegnung »Kalá« [81] bei leicht zur Seite geneigtem, freundlich-würdigem Nicken und dem hinzugefügtem »kaliníchta« [82] war aus dem Zimmer Nr. 15 zur Ostseite eines für ›Zwei‹ bestätigt.

Das Frühstück aus eingetütetem Pulverkaffee, ein wenig Butter in Silberpapier und Marmelade in Plastikschälchen wurde im Gewölbe des Untergeschosses aufgetragen und ließ bei dem nun vertraut gewordenen Paar das Bedürfnis nach Fortsetzung entstehen, die dann auch im Haus von Engarés stattfand, wobei Maria sich auf kalamatinische Strandgewohnheiten besann und ein köstliches Rührei, verfeinert mit Zwiebellauch aus dem Garten, nebst gutem ›choriático‹ [83] und Filterkaffee herbeizauberte.

»Als wir gestern über den Garten als Betätigungsfeld sprachen«, erinnerte sie, »hast du deinen schriftstellerischen Umgang mit der Theologie auf vorausgegangene Jahre

bezogen; ich nehme an, es waren nur wenige, in denen du Zeit zu füllen vermochtest, ohne Einnahmen zu haben.«
»So ist es, liebe Marie.« Das entfallende »a« am Namensschluss halten wir einer gewissen Zuneigung zugute, wie es auch die so Angeredete von nun an tat, zumal das »i« weiterhin betont blieb. »Es waren fünf Jahre des ›Zeitwohlstands‹, wie ich sie schon einmal benannt habe in einem Brief an einen Freund und Pastor im Norddeutschen. Zuvor habe ich dreißig Jahre in der Bremer Bank gearbeitet, und seit kurzem bekomme ich Rentenbezüge, nachdem ich in den Jahren ohne Einkommen freiwillige Beiträge in die Rentenversicherung gezahlt habe. Die Zeit ohne Arbeitsverhältnis war möglich, weil ich die Aktienanlagen in einem über Jahrzehnte hin aufgebauten Depot mit Glück zur rechten Zeit gegen Ende des vorigen Jahrzehnts realisierte, bevor der Markt zusammenbrach. Ich muss betonen, der Zeitpunkt des Ausstiegs war durch Glück bestimmt.«
»Da gratuliere ich nun aber«, sagte sie, die reizvollen Lippen schalkhaft zugespitzt, »einen ›Geldmann‹ hätte ich am kalamatinischen Tavernentischchen nicht in dir gesehen«.
»Der ich auch nicht mehr bin«, schob er nach.
»Nun denn, lieber Rentner im Ruhestand«, lächelte sie, »lassen wir die Jahre im ›Zeitwohlstand‹ erst einmal auf sich beruhen. Haben wir nicht herrliches ›Strandwetter‹?«
»Kalá, fahren wir ans Meer!«, stimmte Karl Friedrichs zu. Und Maria beschrieb die Südwestküste der größten der kykladischen Inseln: »Vom gestrigen Ágios Geórgios reihen sich die Strände von Prokópios, Ágia Ánna, Máragas, Pláka, Mikri Vígla, Kastráki und Pirgáki über nahezu zwanzig Kilometer dahin; wenn wir bei Pláka ans Meer gehen, wirst du an friesische Dünenlandschaften erinnert werden.«

Von Ágia Ánna ab war der Fahrweg am Meer entlang unbefestigt; Tavernen luden in genügendem Abstand voneinander zum Verweilen ein, und als das Paar im gemieteten Suzuki Pláka erreichte, schoben sich wie angesagt hohe Dünen vor, die auf dem Weg zum Meer auf losem, goldgelben Sand mit ein wenig Mühe durchquert sein wollten.
Der feine Sand zog sich vom Strand noch weit ins klare, türkisfarbene Meer hinaus, dessen sanfter Wellengang bei einer Temperatur von 24 °C ein ausgiebiges Bad begünstigte, das an diesem Strandabschnitt nach Brauch und Gewohnheitsrecht unbekleidet genossen werden konnte. Danach mahnte die sengende Sonne ohnehin, sich wieder vollständig zu bekleiden, ein Umstand, den es noch zehn Jahre zuvor so nicht gegeben hatte. Und so bot sich nach kurzer Strandausstreckung eine der nahen Tavernen zu längerem Verbleib an, deren Schilfdach vor solchem Sonnenbrennen schützte.
Die vorzügliche Linsensuppe in »Nicos Taverne« war genossen, als der schwere ebenfalls goldgelbe Haus- und Inselwein den Naxos-Besucher anregte, die Vergangenheitsfrage an sein Gegenüber zu stellen. Und Maria gab freimütig und knapp Bericht vom Studium in Athen, von den Ehejahren in Kalamata, der Scheidung mit 42 Jahren und dem Pendeln der letzten fünf Jahre zwischen kalamatinischer Tavernen- und mütterlicher Haus- und Gartenwirtschaft in Engarés, von der sie sich nun gern einfordern lasse.

Dass auch ihr Besucher solcher Einforderung erlegen war, zeigte sich wenige Stunden später, als er im Hausgarten von Engarés Kartoffeln frisch für den Auberginenauflauf zum Abendmahl ausgrub, und der Nachtisch aus eingelegten Kirschen vom Erinnerungsbaum an Omas Garten ihn bewog, von seiner Kindheit zu erzählen:

»Aufgewachsen bin ich in einem Dorf im Weserbergland, wo weitläufige, hohe Buchenwälder Felder und Weiden säumen und von wo die Weser durch norddeutsches Flachland der Nordsee zufließt. Unweit des Dorfes wurden auf einem kleinen Acker von meinem Großvater und seiner Tochter Kartoffeln, Getreide und Gemüse angebaut. Und als ich vorhin in deinem Garten Kartoffeln auflas, stellte sich mir das Bild aus der Nachkriegszeit vor, in der mein Vater noch in Kriegsgefangenschaft war und die Großeltern, meine Mutter und ich vom Feldbau lebten und damit überlebten.
Die starken Arme des stämmig-beleibten Opas in gewohnt bläulichem Arbeitskittel hoben mit der Forke die Kartoffeln aus, und das vierjährige Karlchen sammelte sie neben der Mutter in Drahtkörben.
Du siehst, liebe Marie«, – er sagte wieder »Marie«, und es gefiel ihr wohl – »auch ich bin ein Kind des Landbaus.«
Nach dem Abend kam der Morgen, und so folgte Tag auf Tag, ausgefüllt mit der Gartenpflege und Ausflügen an Meeresstrände, zu den hübschen Bergdörfern oder einem Paralía-Bummel in Naxos-Stadt, bis das Ende des zweiwöchigen Urlaubs vom Tavernendienst in Kalamata nahte und eine Entscheidung anstand.

Aber musste denn in der Tat etwas entschieden werden nach den Tagen im »Zeitwohlstand«, um bei Karl Friedrichs Wortwahl zu bleiben – nun aber zu zweit?

Nach Abend war Morgen und nach beidseitig-liebevoller Hingabe an Haus- und Gartenarbeit mit zwischendrein aus köstlichen Früchten bereiteten Speisen wieder Abend geworden. Das Wohlgefallen an gemeinsamem Mahl war genossen wie das an gemeinsamer Nacht, und schon war der nächste Morgen gekommen. Und so bedurfte es bei solch neu erkannter Zweisamkeit keiner Abwägung. Es hatte sich eine Lebensmöglichkeit ergeben, wie sie lebenswerter nicht sein konnte. Und das war unserem Paar im Haus von Engarés besonders im Rückblick auf ihr gelebtes Leben auch bewusst. Ohne Not war dieses Geschenk, wie beide es empfanden, nicht aufzugeben.

Das Arbeitsverhältnis in kalamatinischer Strandtaverne wurde gekündigt und beschlossen, das Haus auf Patmos zu verkaufen.
Da keine direkte Fährverbindung »Naxos–Patmos« bestand, reiste man mit Zwischenaufenthalt in Athen und auf Mykonos, um die 12-stündige Fahrt mit der Fähre »Piräus–Patmos« auf halber Strecke zu unterbrechen.
So reservierte Karl Friedrichs zusätzlich zum gewohnten Athener Hotelzimmer eines im »Theoxenia«-Hotel auf Mykonos, ruhig gelegen ein wenig abseits von Mykonos-Stadt mit Blick auf das Meer, den Bericht der schönen Antoinette aus »Angerinos«-Zeitentiefe im Sinn, wonach die Ehepaare Holzmann und Wolf einander auf der Frühstücksterrasse eben dieses Hotels begegnet seien.
Das gewohnte Lammfilet bei den »Five Brothers« mit Blick auf den »Turm der Winde« war wiederum vorzüglich. Die Hotelübernachtungen und die Reise mit dem Fährschiff im gleißend-hellen Licht der ägäischen Inselwelt erschienen im neuen Daseinsgefühl der Zweisamkeit wesentlich vergnüglicher als vordem.
An längere Aufenthalte war nicht gedacht, den patmischen Lebensabschluss im Sinn, nebst dem Abschied von der treuen Stella mit Schlüsselübergabe für eventuelle Besichtigungen des einst auf ihre Anregung hin erbauten Hauses.

Mit der üblichen Aufforderung »Kaßίßte, kaßίßte!« empfing die 80-jährige noch rüstige Kyría Stella nach herzlich-freundschaftlicher Begrüßung die Patmos-Besucher. Nach ihrem Befinden gefragt, berichtete sie offen:
»Seit meine Tochter Georgia mit ihrem Mann ein hübsches Haus in Kifíssia, einem angenehmen Vorort Athens, bewohnt, bin ich hier allein im Haus. Die Ziegen und Hühner, die vor deiner Reise, lieber Karl, noch da waren, sind abgeschafft, denn öfter und auch länger bin ich zu Gast in Athen, um die Kinder meiner Enkelin zu beaufsichtigen: der Armreif, lieber Karl, den sie von zwei nordländischen Besuchern vor einem viertel Jahrhundert bekam, steht noch heute in Ansehen.«
»Auch ich ziehe nun um«, gestand der schon von lang her Vertraute, »Maria und ich möchten gemeinsam in ihrem Haus in Engarés auf Naxos leben, zu dem ein weitläufiger Garten, deinem ähnlich, gehört und ein Weinberg, der seit dem Tod ihres Vaters verpachtet ist, wie der deine seit dem Tod von Yiánnis, deinem Mann.«
»Alles Glück dieser Erde wünsche ich euch dazu«, sagte die hier allein Lebende und füllte die Raki-Gläschen neben den getrockneten Früchten, wie es einst ihr Mann getan hatte, als Karl Friedrichs sie mit dem Freund und Pastor aus dem Oldenburgischen zum ersten Mal besucht hatte.
»Es ist nicht gut, allein zu sein«, ergänzte sie, »besonders, wenn man schon ein wenig älter ist.« – Und das war auch unserem Besucherpaar aus der Seele gesprochen.
Sodann versprach sie, nach dem Haus des Freundes zu sehen und auch mögliche Käufer hineinzulassen, auch wenn sie sich hin und wieder in Athen aufhalte.
So war der Schlüssel bei ihr gut verwahrt. Nach wehmütig-herzlichen Umarmungen kehrte das Paar in sein naxisches

Heim im Dörfchen Engarés zurück, wo wir, Erzähler und Leser, es in gutem Gefühl seiner geschenkten Zweisamkeit überlassen.

Anmerkungen

1) to spíti – das Haus
2) Baal – Gott des Wetters und der Fruchtbarkeit
3) »Milch- und Honigland« ist eine Hyperbel für Kanaan als Land der Verheißung
4) Umschreibungen für Kanaan
5) s. 4)
6) Vgl. die Geschichte von »Kain und Abel«
7) Im Baalskult galt der Stier als heiliges Tier
8) Aram – Syrien
9) Pluralformen für die Kultstätten Baals und der Aschera als weibliches Gegenstück zu Baal
10) s. 9)
11) Astarte – semitische Fruchtbarkeitsgöttin, deren Kult sexuell bestimmt war
12) Theraphim – eine Figur, die als Hausgott und Symbol des Eigentums verehrt wurde
13) Jiáßaß, Kaliméra – seien Sie gegrüßt, guten Tag
14) Elláte! – Kommen Sie!
15) Kaßíßte! – Setzt euch! Setzen Sie sich!
16) Ellinikós cafés – griechischer Kaffee
17) Kybéle – Kult in orgiastisch – ekstatischen Formen
18) Café skéto – Kaffee einfach, ohne Zucker

19) Pappúss – Großvater
20) Vgl. 4. Buch Mose 5, 11 ff.
21) Vgl. 4. Buch Mose 6, 1 ff.
22) Kreta wird als Heimat der Philister angesehen, die nach der »Seevölker-Wanderung« in palästinischer Küstenebene siedelten und gegen Ende der Richterzeit die Israeliten unterwarfen
23) Klappentext zum Fischer Tb, 12. Aufl., 2003
24) Röm. 13, 1 – 7
25) Apg. 2, 29 – 36
26) 2. Sam. 7, 12 ff.
27) Röm. 1, 3 f.
28) Jer. 23, 5 f.
29) Ps. 45, 21 b
30) Joel 2, 32
31) Röm. 10, 9
32) Röm. 10, 30
33) Phil. 2, 6 ff.
34) Phil. 2, 6 – 11
35) Name Jesu im Aramäischen
36) 1. Kor. 8,6
37) Deuteronomium (Dtn.) oder 5. Mose 6, 4
38) Wiederkehr Christi
39) Mk 8, 27 – 33
40) Apg. 3, 20

41) Ps. 2, 2 – 9
42) Ps. 110, 1 – 3
43) 1. Kor. 15, 23 ff.
44) Jes. 45, 22.f
45) Röm. 14, 9 – 12
46) Mk. 10, 18
47) Röm. 11, 33 – 36
48) Gemeindeversammlung – Gegenstück zur Synagoge
49) Röm. 3, 25
50) Lk. 24, 44
51) Leviticus oder 3. Mose 17, 11 (Lev.)
52) Lev. 16
53) Mi. 6, 7 f.
54) Reich Gottes
55) Jer. 7, 22 – 23 u. 31
56) Deuteronomium (Dtn.) oder 5. Mose 21, 23
57) Ps. 34, 20a
58) Jes. 53, 11
59) Jes. 53, 10 – 12
60) Röm. 5, 6 – 11
61) Röm. 8, 20
62) Hosea (Hos.) 13, 14
63) Markus (Mk.) 10, 45
64) 2. Kor. 4, 5 – 6
65) Röm. 8, 29

66) Phil. 3, 20a

67) 1. Sam. 10, 6

68) Jer. 24, 7 u. Jer. 31, 33 f.

69) Joel 2, 26 f. und Joel 3, 1 f.

70) Ez. 36, 27

71) Röm. 8, 9 – 11

72) Was möchten Sie, bitte?

73) Bitte sehr! Kaffee mit Milch, Bauernbrot, Marmelade und Ei.

74) Ich danke sehr.

75) Es gibt gerollte Weinblätter, Thunfischsalat, Tintenfischsalat, Auberginensalat und frittierte Zucchini.

76) Wasser

77) Brot

78) Zum Wohl!

79) Leib und Seele

80) Geist

81) Gut

82) Gute Nacht

83) Bauernbrot

Bilder

Bild 1 »Das Kloster Johannes Theologos«
Bild 2 »Hotel Pátmion«
Bild 3 »Die Offenbarungsgrotte«
Bild 4 »Felsinsel vor Gríkou«
Bild 5 »Elia am Horeb« (gezeichnet nach einer Vorlage von Marc Chagall) »… Jahwe war nicht im Sturm, nicht im Erdbeben, nicht im Feuer …. Und nach dem Feuer kam das Flüstern eines leisen Wehens. Als Elia das hörte, verhüllte er sein Angesicht mit Mantel, ging hinaus und trat vor den Eingang der Höhle« (1. Kön. 19, 11 – 13)
Bild 6 »Musikant mit Laute«
Bild 7 »Doppelgewölbige Kirche des Johannes Theologos«
Bild 8 »Knorrige Feigenbäume«
Bild 9 »Griechisches Inselhaus«
Bild 10 »Empfang des Herakles auf dem Olymp« (gez. nach einer Schale von 550 v. Chr., London, Britisches Museum). Als der tote Herakles aus den Flammen von einer Rauchwolke in den Olymp getragen wurde, empfingen ihn die Götter liebevoll, und Athena führte ihren Lieblingsheros vor Zeus. Vergöttlicht und unsterblich erhielt er durch die Heirat mit Hebe ewige Jugend und lebte glücklich im Kreis der Götter. Ein Gegenbild zum toten Helden Simson in der Vätergruft.
Bild 11 »Turm der Winde« in der Plaka von Athen
Bild 12 »Tempeltor« von Naxos